끝낼 때까지 끝난 것이 아니다

100억대 사업가

고혜진 지음

파산

MZ싱글맘

100억대 사업가에서
파산한 MZ싱글맘,
그녀의 당당하고 진솔한 극복이야기

아침풍경글

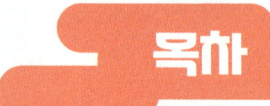

프롤로그 : 나는 정말 운이 좋은 사람이다

제1장 파란만장 고 대표

- 12 모든 걸 잃어버렸지만 삶이 감사한 이유
- 16 소울푸드, 인생에 최선을 다했다는 증거
- 20 15살, 힘들었지만 지금은 감사해
- 24 웃는 연습
- 28 아버지의 암 판정
- 32 이혼, 건강 악화, 우울증 그리고 홀로서기
- 38 살아있어서 참 다행이야

제2장 스물다섯, 사업을 하게 되다

- 42 모든 일에는 끝이 있다
- 48 필연이 아니었을까
- 52 내 인생의 멘토
- 58 경이로운 우연의 마법
- 64 아가씨, 사장(님)은 언제 오시나?
- 68 행운을 부르는 마법의 주문

제3장 파산, 그 이후

- 76 파산한 사람처럼 안 보이시는데요?
- 80 위기가 가져다준 선물
- 84 어쩌다 1만 유튜버
- 88 기적처럼 문이 열리는 순간이 올 거야
- 92 섭외 1순위 사업실패담 강사
- 96 '실패(失敗)'가 아니라 '실패(絲牌)'다

제4장 실패에서 얻은 삶의 원칙

- 102 죽을 것 같이 힘든 일은 결코 일어나지 않는다
- 108 운칠기삼
- 112 좋은 운을 만드는 나만의 비법
- 118 선의는 언제나 전략보다 강하다
- 124 실수는 용기를 연습할 기회
- 128 휘둘리지 않는 삶
- 134 인생의 거친 파도를 즐기는 서퍼
- 140 성공한 사람이 반드시 가지고 있는 한 가지
- 144 파란만장한 내 삶을 사랑한다

에필로그 : 왜 나는 또다시 사업을 하는가

Prologue

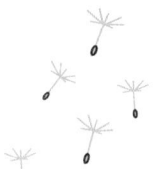

나는 정말 운이 좋은 사람이다

병실에 누워서 저 멀리 한강을 바라보다가 문득 이런 생각이 들었다.

'나는 정말 운이 좋은 사람이야.'

이렇게 한강을 바라보며 고요히 쉴 기회가 생기다니. 나는 참 운이 좋다.

지나고 나서 생각해 보니 삶은 늘 선물 같았다. 어떤 순간이든 나쁜 것을 주었을 때보다도 좋은 것을 선사했을 때가 훨씬 더 많았으니 말이다. '실패, 망한 사장, 파산, 생계수급자, 싱글맘.' 나의 삶을 관통하는 키워드들이다. 그런데 이렇게 들여다보면 '과연 네 삶이 정말 선물이라고 생각해?'라는 의문이 들지도 모르겠다. 하지만 병실에 누워있는 지금 이 순간에도 나는 스스로 운이 참 좋다고 느낀다.

유튜브를 시작하면서 채널명을 고민하다 문득 떠오른 단어, '파란만장'. 이 단어만큼 나의 삶을 잘 요약하는 단어가 또 있을까 싶다. 고통스러운 순간도 좋고 즐거운 순간도 많았기에 그 모든 시간이 소중하게 느껴진다.

파란만장한 삶을 통해 배운 것은 '인생에는 일희일비할 것이 전혀 없다'라는 사실이다. 당장은 좋은 일처럼 보여도 그것이 나쁜 일의 시발점이 되기도 하고, 나쁜 일이 닥쳤다고 생각했지만 나중에 좋은 일이 되어 돌아오기도 했으니 말이다. 그러다 보니 오히려 나쁜 일이 생겼을 때, '오, 이제 곧 좋은 일이 생기겠구나!'라고 생각하며 더 즐겁게 받아들일 수 있게 되었다. 그리고 삶은 늘 그것이 정답이라는 듯 좋은 일을 선사해 주곤 했다.

이러한 멋진 삶의 법칙은 지난 1년 동안에도 변함이 없었다. 개인 파산을 한 후 눈앞에 닥친 상황을 어떻게 헤쳐 나가야 할까 고민하고 있었다. 급한 불을 끄고 난 어느 날 동네 병원에서 정기 검진을 받았다. 그런데 검진 결과 종양이 발견되었다. 병원에서는 생각보다 종양이 크다고 하며 큰 병원에 가보라고 이야기했다. 혹시 죽을병이 아닌가 해서 겁이 났지만 다행히 수술로 제거할 수 있다고 하였다. 게다가 정말로 운이 없었다고 생각했던 이 일이 다른 문제를 해결해 주기까지 했다. 그 당시 나는 돈이 없어서 모자원[1] 입소를 알아보던 중이었는데, 종양 덕분에 생계수급비를 받는 기간이 연장되었다. 급하게 이사를 가지 않아도 괜찮게 되어 아들의 전학 문제도 자연스럽게 해결되었다.

    그 뒤 이사를 마치고 수술 날짜를 예약한 뒤 기다리고 있었는데, 이번엔 '의사 파업'이라는 복병이 나타났다. 연이은 안 좋은 소식에 과연 제날짜에 수술을 받을 수 있을지 불안해졌다. 몇 차례 수술 전 검사가 취소되다가 결국 수술까지 취소되었다는 연락을 받고 망연자실하기도 했지만, 그 결정이 다시 번복되며 정해진 날짜에 수술을 받을 수 있었다. 덤으로 한강이 보이는 6인실 병실을 혼자 여유롭게 쓸 수 있게 되어 입원 기간 동안 편하게 쉴 수 있었다. 이 얼마나 운이 좋은가! 막다른 골목에 다다른 것처럼 절망적인 문제가 내 앞을 가로막더라도, 언제나 그 문제를 풀어나갈 수 있는 해결책도 함께 찾아왔다.

---

[1] 미혼모나 한 부모를 위한 무료 임시보호소

사람들이 내게 묻는다. 그러한 상황 속에서 어떻게 좌절하지 않고 웃으면서 무언가를 시도할 수 있느냐고 말이다. 상속세를 내느라 빚을 지고 백수가 되었을 때, '이제 내 인생은 다 끝난 건가'라고 생각했다. 절망 속에서도 다시 삶을 시작할 기회를 찾으며 노력하고 있을 때, 어머니의 폐암 소식과 법인 파산에 이어 개인 파산까지 하게 되었다. 여기가 바닥이라고 생각했을 때면 항상 더 아래로 곤두박질치곤 했다. 절망적인 일과 맞닥뜨릴 때마다 두려움이 앞서곤 했지만, 그럴 때마다 되뇌던 나만의 주문이 있었다. '괜찮아. 힘든 만큼 이제 앞으로 더 좋은 일이 생길 거니까.' 이러한 믿음이 어떤 상황에서든 미소 지을 수 있었던 비결이 아닐까.

그간 파란만장한 인생을 살아오며 깨달은 게 있다. 삶은 나에게 벌주기 위해 일어나는 게 아니라, 선물처럼 주어진 것이라는 사실이다. 이를 온전히 깨닫기까지 참 오랜 시간이 걸렸다. 그리고 삶이 내게 주는 선물은 항상 사람과 함께 왔다. 너무 힘들 때나 내 인생은 이제 끝이라고 생각했던 때마다 나를 지탱해 준 사람들이 있다. 만약 그들이 아니었다면 난 지금 이 세상에 없었을지도 모른다. 지금의 나를 완성하게 도와준 나의 소중한 친구들에게 이 책을 빌려 감사의 마음을 전하고 싶다.

작은 바람이 하나 있다. 나도 누군가에게 힘이 되어 줄 수 있는 사람이 되었으면 하는 것이다. 몇 년 전 영화 「인턴」을 참 재미있게 보았다. 사업을 하며 삶이 참 고달프던 시절이었는데, 영화 속 시니어 인턴이 내 옆에도 있었으면 하고 간절히 바랐다. 사장이라는 자리가 너무나도 외롭고 힘들었고, 나보다 경험 많은 인생 선배에게 묻고 싶은 것도 많았다. 하지만 그런 영화 속의 인턴을 만날 수는 없었다. 내가 이 책을 통해 하는 이야기들은 어쩌면 과거의 나 자신에게 해주고 싶은 이야기들일지도 모른다.

어느 날 갑자기 대표가 되어 회사를 책임져야 했던, 누구에게 물어볼 수도 없고 혼자 어떻게든 버텨야 했던, 멘토가 간절히 필요했던 과거의 나에게 지금은 해줄 수 있는 말들이 참 많다. 비록 당시 내 곁에는 없었지만, 지금 이 어려운 시기를 살아내고 있는 모든 이들에게 내가 그 시니어 인턴이 되어 주고 싶다. 수많은 레몬을 마주하며 그 시련들을 레모네이드로 만들었던 나의 이야기가 삶의 방향을 고민하는 모든 청춘에게 작은 나침반이 되기를.

제 1 장
파란만장 고대표

모든 걸
잃어버렸지만
삶이 감사한 이유

어린 시절 캐나다 유학을 8년 다녀왔고, 아버지의 사업을 물려받았다는 이야기를 하면 으레 듣는 말이 있다. "야, 너 금수저지? 편하게 나고 자란 네가 사업에 대해 뭘 알겠어."

하지만 이 말은 반은 맞고 반은 틀렸다. 아쉽게도 나는 금수저처럼 보이는 '도금수저'다. 누군들 금수저를 물고 태어나길 바라지 않을까? 나도 금수저였기를 바란 적이 많다. 그랬다면 내 삶이 더 편안했을지도 모르니까. 어린 시절에는 가난했지만 부모님이 시작하신 사업이 잘되면서, 어느 순간부터 예전과는 비교할 수도 없이 풍족한 생활을 할 수 있었다. 그 덕에 가난했던 기억에 풍족함을 누렸던 기억이 덧씌워지며, 두 가지 경험이 묘하게 공존하는 도금수저가 되었다.

어린 시절 나는 농사짓는 고 씨네 집 손녀딸이었다. 무척 부지런하셨던 우리 할아버지는 항상 농사를 정성껏 지으셨다. 일 년 내내 논농사를 지으셨고, 밭에는 철마다 제철 채소와 과일을 기르셨다. 봄에는 딸기, 여름엔 수박과 참외, 가을엔 포도, 겨울엔 감자와 고구마가 자랐다. 할아버지의 밭은 즐거운 놀이터였다. 나는 그중 딸기가 자라는 계절을 가장 좋아했는데, 어른들이 모두 일하러 나가계실 때, 딸기밭에서 뒹굴며 놀다가 배고프면 딸기를 따서 먹곤 했다. 재미 삼아 경운기 시동을 걸며 놀기도 했고 수확 철엔 일손을 돕기 위해 호미질도 하곤 했다.

학교에서 돌아오는 길에 있던 작은 동산은 작은 간식 창고였다. 꽃이 피는 계절마다 친구들과 아카시아꽃을 따기 위해 나무에 올라 그 씁쓸한 단맛을 즐기며 집으로 돌아오곤 했다. 좁디좁은 골목을 뛰어다니며 숨바꼭질을 하고 귀신이 나온다는 뒷산의 폐가에서 담력 놀이를 하던 그 시절은 그리 풍족하진 않았지만, 많은 추억을 선물해 주었다.

우리 집이 가장 가난했던 시기에는 작은 단칸방에서 살았다. 5살 무렵의 어느 날 부엌에서 이를 닦고 있었는데, 바닥의 하수구 수챗구멍에서 시커먼 흙을 뒤집어쓴 무언가가 튀어나왔다. 나는 소스라치게 놀라 소리를 질렀는데, 아빠가 곧장 달려와 빗자루로 그것을 슥슥 쓸어 쓰레받기에 담아 들고 나가셨다. 뭔가 크고 길어서 뱀이었나 생각했으나, 뱀이라기엔 길이가 짧았고 그렇다고 지렁이라고 하기엔 너무나 커서 아직도 그 생물체가 무엇인지 미스테리다. 가난으로 궁핍했던 기억보다 집에 뱀이 나왔다고 무용담처럼 친구들에게 자랑하며 즐거워했던 기억이 난다.

그러다가 부모님을 따라 처음 서울에 사는 친척 집에 방문하면서 가본 아파트는 정말 새로운 세상이었다. 그날 엘리베이터를 처음 타 보고 속으로 몇 번이나 '우와'하며 탄성을 질렀는지 모르겠다. 어린 마음에 우리는 언제 이런 곳에서 살아볼까 하는 부러운 마음을 안고 집으로 돌아왔다. 그런데 신기하게도 동경하는 마음으로 바라보던 아파트에 이사 가기까지 그리 긴 시간이 걸리지 않았다.

별다를 것 없었던 나의 삶은 부모님이 사업을 시작하시며 조금씩 변하기 시작하였고, 서울에 회사 사무실이 생기면서 우리 가족은 서울로 이사를 오게 되었다. 불과 몇 년 사이에 아버지의 사업은 번창하기 시작했다. 이젠 핫도그를 먹고 싶어도 참아야 하는 것이 아니라, 내가 원하는 것들을 부담 없이 지원해 주실 수 있는 환경으로 바뀐 것이다. 부모님은 내가 배우고 싶어 하거나 갖고자 하는 것에 대해서 아낌없이 지원해 주셨다. 갑작스러운 변화였기에 처음엔 낯설었다. 그러나 풍족한 삶에 금방 적응하게 되었다.

되돌아보면 처음부터 풍족한 삶이 아니었기에 오히려 다행이라는 생각이 든다. 파산을 하고 수십억의 자산이 다 사라져 버린 지금도 '다시 시작하면 되지.'라고 담대하게 마음을 먹을 수 있어서 말이다. 부족한 것이 많았던 어린 시절이 있었기에 다 잃은 지금도 마음을 내려놓을 수 있고, 돈 걱정이 없이 살아본 경험이 있었기에 다시 할 수 있다는 믿음을 가질 수 있다. 그래서 롤러코스터 같은 내 삶이 참 감사하다.

종종 친구들에게 하는 말이 있다. "아마 난 태어나기 전 신에게 '이번 생에서 제가 겪을 수 있는 건 다 겪게 해주세요.'라고 빌었을지도 몰라." 누군가는 한 번도 겪지 않고 넘어갈지도 모를 여러 가지 삶의 고난을 한꺼번에 겪으며 '내 삶은 도대체 왜 이럴까?' 하는 생각이 들 때마다, 부정적인 마음을 걷어내는 나만의 마음가짐이다. 이는 나의 삶이며 내가 빌었던 소원이니, 운명을 탓하지 말고 모든 것은 나의 선택이었다고 믿고 싶은 마음이 아닐까.

소울푸드,
인생에 최선을
다했다는 증거

나의 소울푸드는 핫도그이다. 누가 나에게 묻더라도 망설임 없이 답하는 메뉴다. 어렸을 적 채워지지 못한 결핍은 어른이 되어서도 그냥 채워지지는 않는가 보다. 단칸방에서 살던 유치원 시절 엄마 손을 잡고 시장에 갈 때면 항상 김이 모락모락 올라오는 포장마차의 핫도그가 눈에 들어왔다. 하지만 엄마 손에는 콩나물 한 봉지를 살 돈만 있었기 때문에, 핫도그를 보고 침을 꼴깍 넘기면서도 여느 아이들처럼 떼를 쓸 수 없었다. 내가 떼를 쓰면 그걸 사주지 못하는 엄마의 마음이 너무 아플 거라는 걸 이미 어린 나이에 알아 버렸기 때문이다.

그 시절에는 지금처럼 먹거리가 많지 않았다. 당시에는 피자나 햄버거와 같이 지금은 흔한 음식들을 아무 때나 먹을 수 없었다.

특히 내가 초등학교 때까지 살았던 작은 지방 도시에는 패스트푸드점도 없었다. 그저 내가 먹을 수 있었던 양식은 집에서 아주 가끔 어머니가 별식으로 해주시던 돈가스였다. 케첩과 마요네즈를 1:1 비율로 섞어 시큼한 맛이 나던 그 돈가스 소스를 참 좋아했다.

반대로 싫어하는 음식도 있다. 그것은 바로 콩나물이다. 있으면 먹긴 하지만 찾아서 먹지는 않는다. 왜 그런가 하고 생각해 보면 어릴 때 너무 많이 먹어서 그런 것 같다. 늘 우리 집 밥상에는 콩나물무침 아니면 콩나물국이 올라왔다. 언젠가 엄마에게 "왜 그때 우리 반찬은 다 콩나물이었어?" 하고 여쭤보니, "그때 반찬을 살 돈이 500원밖에 없었는데, 그 돈으로 시장에서 살 수 있었던 반찬 중에 우리 식구가 배불리 먹을 만한 음식은 콩나물뿐이었거든."이라고 말씀해 주셨다. 콩나물에 스며든 가난했던 시절의 기억 때문일까. 지금도 콩나물 반찬이 간간이 식탁에 올라오면 손이 잘 가지 않는다.

곰곰이 기억을 되짚어 보면 내가 온전히 어린아이로 있었던 세월이 얼마나 될까 하는 생각이 든다. 유치원생 때 이미 핫도그를 사달라고 하면 안 된다는 걸 깨달았으니까. 없는 집에 시집와서 고생한 엄마를 더 힘들게 하면 안 된다는 생각에 떼를 쓰거나 대들 생각도 하지 못했다.

이때부터였을까? 나는 내 기분보다 다른 사람의 기분을 먼저 살피곤 했다. 그래서 아들이 가끔 울거나 떼를 쓰는 모습을 보면 참 다행이라는 생각이 든다. 엄마의 파란만장한 인생에 함께 휩쓸려 어린 시절부터 순탄치 않은 삶을 살아왔지만, 그럼에도 아직은 명랑한 어린아이로 남아 있는 것 같아서 말이다. 종종 엄마 말을 안 듣는 아들이 얄밉기도 하지만, 그래도 어렸을 때의 나처럼 애어른이 되지 않고 주눅 들지 않는 모습에 위안이 된다.

어렸을 때 마음껏 먹지 못했던 핫도그의 기억이 아직 결핍으로 남아 있는지 지금도 핫도그를 보면 그냥 지나치지 못한다. 지금은 예전과 달리 맛있는 먹을거리가 훨씬 많아졌음에도 굳이 핫도그를 찾게 된다. 갓 튀겨나온 핫도그를 한 입 베어 물면 당장 기분이 좋아진다. 눈을 감고 따뜻한 핫도그를 오물거리고 있을 때면 잠시나마 세상에서 가장 행복한 사람이 된다.

나에게 핫도그가 그렇듯, 사람들마다 자기만의 소울푸드가 있을 거다. 소울푸드가 있다는 것은 어쩌면 그만큼의 고통과 결핍이 있었다는 이야기인지도 모른다. 혹은 반대로 그만큼 소중한 추억이 있었다는 이야기인지도 모르겠다. 어느 쪽이든, 인생이 당신에게 소울푸드를 주었다는 것은 당신이 인생을 살아나가고자 최선을 다했다는 증거일 것이다. 또 그만큼 앞으로 잘 살아 나갈 수 있는 사람이라는 뜻이기도 할 것이다. 만약 오늘이 우울한 날이라면, 소울푸드를 먹으며 잠시나마 그 사실을 되새겨 보는 건 어떨까.

15살,
힘들었지만
지금은 감사해

　학창 시절, 유학 광풍을 불러일으킨 베스트셀러가 있었다. 바로 홍정욱의 『7막 7장』이다. 그의 미국 유학 생활이 담겨 있는 책은 내 마음에 유학을 가고 싶다는 동경을 심어 주었다. 소심한 성격에 남들 앞에 나서기조차 두려워하던 내가 그때는 무슨 자신감이었을까. 곧바로 난 어머니께 유학을 가고 싶다고 말했다. 15살 때까지 부모님과 떨어져 살아본 적도 없던 내가 말도 안 통하는 먼 나라에 가겠다고 배짱을 부렸던 것이다. 그런데 우리 어머니도 실행력이 보통이 아니었는지라 어머니께 말씀드린 지 한 달 만에 나를 캐나다행 비행기에 태우셨다. 아무 연고도 없는 데다가 심지어 어디에 있는지도 몰랐던 캐나다에서 15살부터 나 혼자의 삶이 시작되었다.

모든 것은 낯설었고, 혼자 지내야 하는 삶은 녹록하지 않았다. 3개월도 지나지 않아 내 머릿속은 후회로 가득 찼다. 왜 이 먼 타지에 보내 달라고 했을까. 겁도 많으면서 무슨 배짱으로 유학을 오겠다고 한 걸까. 하지만 유학을 포기하고 돌아가겠다고는 말하고 싶지 않았다. 그렇게 버티고 버티다 보니 8년이란 시간이 흘렀다. 책 하나에 이끌려 시작된 타지 생활이었지만, 그 시간은 나에게 참 많은 것을 가르쳐 주었다.

긴 유학 생활 중 나를 가장 힘들게 했던 건 건강 문제였다. 추운 걸 극도로 싫어하는 나는 일 년의 절반이 눈에 뒤덮여 있는 토론토의 날씨를 견디기가 너무 힘들었다. 환경이 급격히 바뀐 탓이었던지 없던 알레르기가 생기기도 했다. 꼬맹이 때부터 입술이 퉁퉁 부을 때까지 간장게장과 양념게장을 맛있게 먹곤 했는데, 스무 살 이후 어느 날 새우장을 먹다가 목이 부으며 호흡곤란을 느낀 후부터 더는 먹을 수 없게 되었다. 원래부터 싫어하거나 아예 모르는 음식이라면 상관없었을 텐데 어린 시절부터 참 좋아하던 음식을 먹지 못하게 되니 삶의 낙 하나가 사라진 것 같았다.

몇 가지 음식을 못 먹게 되는 정도야 참으면 되니 큰 문제는 아니었는데, 어느 날부터 이유 없이 몸이 아프기 시작했다. 공부에 집중하지 못할 정도로 컨디션이 떨어졌는데, 유학을 마치고 한국에 돌아오기 전까지 이러한 증상이 지속됐다. 아프지만 않아도 소원이 없을 거 같은 나날들이 이어지며 후회가 밀려왔다. 몇 년 동안 그렇게 고생하며 깨달은 것이 하나 있는데, 살아가는 데 가장 중요한 건 건강이라는 사실이다. 사업에 실패하여 돈을 잃더라도 다시 시작하면 되지만, 한 번 잃은 건강을 다시 찾는 건 너무나 어려운 일이니 말이다.

고생 많았던 유학 생활이었지만 그때의 경험이 지금의 고 대표로 성장하는 데 큰 영향을 주었다. 다양한 인종과 문화가 섞여 있어서 개개인의 개성과 다양성을 존중하는 나라에서, 소극적이고 남들 앞에 나서기 어려워하던 나는 좀 더 적극적으로 생각을 표현하는 사람이 되었다. 어린 나이에도 매 순간 스스로 결정해야 했고, 문제가 생기면 부모님께 기대기보다 스스로 해결하는 능력을 터득할 수 있었다. 어린 시절부터 용돈기입장을 쓰던 습관은 어머니가 보내 주시는 큰 금액의 유학비를 1년간 잘 관리해서 쓸 수 있을 정도로 경제관념을 기르게 해주었다. 그리고 별거 아니라고 여겼던 가계부 적는 습관 덕에 내 이름을 건 가계부를 출간할 기회도 주어졌다.

유학 당시 내 인생의 가장 소중한 친구를 만나게 되는 행운이 주어졌다. 만약 내가 유학을 가지 않았다면 이 친구를 만날 기회가 없었을 텐데 그럼 어쩔 뻔했을까 하는 생각을 종종 한다. 내가 잘 살 때나 어려울 때나 한결같이 내 곁을 지켜주는 친구. 유학 생활로 인해 100명의 친구가 부럽지 않은 소중한 친구를 만나게 되어 참 다행이라는 생각이 든다. 수술을 마치고 혼자 병실에 있을 내가 걱정되어 바쁜 와중에도 시간 내어 달려와 준 소중한 친구 선주에겐 항상 고마운 마음뿐이다.

    돌이켜 보면 이때부터였다. 삶이 준 모든 것을 선물로 여길 수 있는 마음이 자라기 시작한 것은. 어떤 일이건 나쁜 면과 좋은 면은 공존하고, 그중 어느 면을 볼 것인지는 내게 달려 있다. 유학 생활에서도 힘들었던 때와 알레르기에만 집중한다면 고통과 시련의 시간으로 여겨지겠지만, 나 자신이 홀로 설 수 있도록 갈고닦을 기회가 된 데다 소중한 친구까지 생긴 시기라고 생각한다면 그만큼 큰 선물도 없다.

웃는 연습

어릴 때는 들어 본 기억이 없는데, 요즈음 자주 듣는 말이 있다. 웃는 모습이 참 보기 좋다는 칭찬이다. 보는 사람도 기분이 좋아지는 웃음이라는 말을 들으면 지금과는 많이 달랐던 어린 시절이 떠오르곤 한다.

나의 어릴 적 별명은 '검정머리 앤'이었다. 주근깨 가득한 얼굴과 웃을 때 유난히 도드라지는 앞니 때문에 늘 놀림의 대상이 됐다. 어린 시절 나는 예쁘지 않은 얼굴이 늘 콤플렉스였다. 초등학교 하굣길 내내 집으로 따라오며 놀리는 아이들 때문에 울면서 돌아오는 것이 일상이었다. 그 모습을 보며 우리 귀한 손녀를 울린 녀석들을 혼쭐 내주신다고 할아버지께서 지팡이를 휘두르며 학교로 향하시던 모습이 아직도 기억에 생생하다.

어린 시절 항상 놀림 받던 외모는 콤플렉스가 되어 나를 괴롭혔다. 계속 놀림을 받다 보니 점점 더 소심해졌고 남 앞에 나서기를 꺼리게 됐다. 그리고 놀림 받는 앞니를 감추기 위해 늘 입을 꾹 다물고 다녔다. 그러다 보니 무표정한 얼굴이 되었고, 인상이 차갑다는 말까지 듣게 되었다. 앞에 나서기 싫어하는 내향적이고 소심한 성격에 인상까지 차갑다는 말을 듣다 보니, 다가오는 아이들이 없어서 친구를 만들기가 어려워졌다.

그때부터였을까, 무안한 상황을 모면하기 위해 난 계속 웃는 것을 연습하기 시작했다. 그러다 보니 마음이 힘들고 슬플 때라도 일단 활짝 웃는 버릇이 생겼다. 멋쩍거나 상황을 모면하고 싶거나 마음이 슬프거나 힘들 때도 습관처럼 웃었다. 내 인상이 무섭다며 다가오지 못하던 친구들도 무표정한 얼굴보다는 웃는 얼굴로 있을 때 조금씩 다가왔고, 나와 친구가 되어 주었다. '행복해서 웃는 것이 아니라 웃으면 행복해진다'라는 말을 이때 알아채게 된 것 같다. 그렇게 매일 웃는 연습을 하다 보니 어느샌가 자연스럽게 웃을 수 있게 되었다. 그리고 지금은 웃는 모습을 꾸미는 것이 아니라 진짜 기분이 좋아서 웃을 수 있게 된 것 같다.

사람들이 나에게 매력이라고 말하는 것을 처음부터 타고나지는 않았다. 콤플렉스를 가리기 위해 웃는 연습을 하다가 긍정적인 얼굴이 된 것처럼 후천적으로 노력했던 것들이 많다. 어릴 때의 나는 지금과 많이 달랐다. 어른이 되어 유튜브를 하고 방송에 나가고 사람들 앞에서 강의를 하다니. 아마 과거로 가서 어린 나에게 이런 이야기를 한다면 아마 절대로 믿지 않았을 것이다.

내가 가진 또 다른 장점은 다른 사람들의 이야기를 잘 들어주는 것이다. 나는 청각이 예민해서 시끄러운 곳에 있는 걸 힘들어한다. 큰 소리가 나면 깜짝깜짝 놀라기가 다반사다 보니 조용한 곳을 선호하며, 사람들과 다투거나 싸우는 갈등 상황을 싫어한다. 어릴 때부터 친구들에게 맞춰주면 갈등이 일어날 일이 없었기에 내 기분이나 의견보다는 남들의 기분을 살피는 게 우선이었다. 그러다 보니 우선 다른 사람들의 이야기부터 듣는 버릇이 생겼다. 이런 소심한 성격이 너무나 싫었고, 뭐라도 제대로 할 수나 있을까 하는 생각이 들었다. 그런데 시간이 흐르고 나니 이 또한 장점이 되었다.

어렸을 때는 상대방의 성향을 파악하기 위해 보통 혈액형을 물어보곤 했는데, 요즘 젊은 친구들은 MBTI가 무엇인지 물어보는 것 같다. 내 MBTI는 T의 성향이 강하다. T는 원래 주변 사람들에게 관심이 없으며, 감성보다는 이성이 더 발달했기에 공감도 잘 못한다. 내가 힘들 때 공감해 주는 사람보다는 해결책을 찾는 데 도움을 주는 사람을 더 좋아한다. 이런 극 T 성향인 내가 다른 사람들의 이야기를 경청하고 공감하며 상담까지 할 수 있게 된 것은 나름대로 오랜 시간 노력한 결과물이다.

나 자신보다 남들의 기분을 먼저 살피다 보니 자연스레 다른 사람들을 세심하게 관찰하는 버릇이 생겼고, 이야기를 잘 들어야 갈등을 피할 수 있기에 경청하는 습관이 들었다. 그렇게 시간이 흐르다 보니 어느새 나는 자연스럽게 주변 사람들 이야기에 공감해 주고 맞장구치며 조언을 하고 상담을 해줄 수 있는 사람이 되었다. 늘 웃는 얼굴로 상대를 대하며 다른 사람의 기분을 살피고 공감해 주는 것, 이런 천성을 타고나지는 않았지만 오랫동안 노력하다 보니 나의 매력이 되었다.

이처럼 어렸을 때 가지고 있던 콤플렉스와 단점을 오랜 시간에 걸쳐 장점과 매력으로 바꾸게 된 후, 난 꾸준한 노력이 재능을 이긴다는 말을 믿게 되었다. 어릴 때의 나처럼 재능이 없다고 실망하거나 자신의 단점을 어떻게 바꾸어야 할지 몰라 방황하는 사람들에게 꼭 이야기해 주고 싶다. 시간이 걸리더라도 노력하면 얼마든지 변화할 수 있으니 괜찮다고, 같이 힘내자고 말이다.

아버지의 암 판정

　몇 년 전 가업 상속 포기를 하고 상속세를 내기 위해 가진 것을 모두 처분하고 나서 빚까지 떠안고 이사를 나와야 했다. 어디로 가야 하나 고민하다가 연어가 태어난 곳으로 회귀하듯 초등학교 때 살던 동네로 다시 돌아왔다. 어린 시절의 추억이 많이 남아 있는 곳이다 보니, 길을 걷다 보면 어릴 때의 기억들이 새록새록 떠오른다. 어느 날 길을 걷다가 벌써 25년이 넘게 지났는데도 자리를 지키고 있는 아파트 단지 내 자전거 가게를 마주했다. 14살 생일에 아버지께서 자전거를 사 주신 곳. 이제 나는 훌쩍 커서 마흔을 바라보는 나이가 되었고, 지금은 곁에 계시지 않는 아버지 대신 그 자리를 지키고 있는 자전거 가게를 보니 기분이 묘했다.

　어린 시절 부모님은 늘 바쁘셨고, 아버지는 항상 늦게 퇴근하서서 보기 힘들 정도였다. 나는 아버지께서 퇴근하기 전에 잠들어 버리기 일쑤였고, 영업과장인 아버지는 술이 얼큰하게 취해 들어 오실 때면 늘 "나는 영원한 혜진이 아빠다!"를 외치시던 딸바보였 다. 사람 좋고 화내는 걸 거의 본 적이 없는 아버지가 어느 날 크게 화를 내셨다. 내가 자전거를 타고 학원에 가는 길에 횡단보도에서 차에 치이는 사고가 났기 때문이다. 급히 병원으로 달려온 아버지 가 어떤 놈이 우리 딸을 다치게 했냐며 고함을 치시던 모습이 아 직도 생생하다.

아버지는 바둑을 무척 좋아하셨다. 어릴 적 치아 치료를 받으 러 다녔던 적이 있었는데, 치과가 집에서 멀리 떨어진 곳에 있어서 늘 아버지가 차를 태워 데려다주셨다. 그리고 내가 치료를 받는 동 안은 바로 옆 건물의 기원에서 기다리셨다. 기원에서 바둑을 두시 는 걸 보면 이기는 날보다 지는 날이 더 많았지만, 늘 기원에 있는 시간을 즐거워하셨다. 그래서 아버지의 상대가 되어 드리기 위해 바둑을 배워 보았는데 영 소질이 없어서 그만뒀다. 지금은 조금 더 노력해 볼 걸 하는 후회가 든다.

초등학교 5학년 때 아버지께서 회사 로고를 그려달라고 하셔 서 스케치북에 크레파스로 슥슥 그려 드린 적이 있다. 그 그림을 명함에 넣고 다니시며 우리 혜진이가 만든 거라고 웃으시던 아버지 모습이 아직도 눈에 선하다. 부모님이 퇴근하실 때까지 사무실 원단 더미에서 뛰어놀았는데, 일이 바쁠 때 회사 서류 업무를 도와드리면 용돈 대신 사무실 지하 1층에서 사 주셨던 오징어볶음밥이 참 맛있었다.

아버지의 암 판정 소식에 조금이라도 스트레스를 덜어 드려야겠다는 생각에, 긴 유학 생활을 마치고 한국에 돌아와 오랜만에 가족과 함께 시간을 보냈다. 하지만 가족과 함께 회사 일을 하게 되면서 부딪힐 일이 자주 생겼다. 사람 좋은 아버지는 거래처를 믿고 원단을 외상으로 공급하셨고, 종종 사기꾼들에게 돈을 떼이기도 하셨다. 나는 이를 이해할 수 없어서 아버지와 다투는 일까지 벌어졌다. 지나고 나니 좋은 추억만 만들기에도 시간이 많지 않았는데 왜 그랬는지 후회가 된다.

아버지의 인생과 우리 가족의 삶이 고스란히 담겨 있던 회사였기에, 아버지가 우리 곁을 떠나신 후 가업 상속 이외의 다른 선택을 생각하지 못했다. 그 당시 난 출산을 한 지 얼마 안 되어 몸도 마음도 추스르지 못한 상태로 가업을 이어야 했다. 아버지 없이 회사를 잘 운영해 나갈 수 있을지 걱정이 앞섰지만, 회사를 정리하면 아버지의 자취가 이 세상에서 영영 사라질 것만 같았다. 가끔 사람들이 "시간을 되돌릴 수 있다면 또다시 가업 상속을 하시겠어요?"

하고 묻는다. 미래를 다 알고 있는 지금 그때로 다시 돌아가더라도 아마 난 다시 가업을 잇는 선택을 할 것 같다.

아버지가 좀 더 오래 계셨더라면 내 삶은 지금과 많이 달라지지 않았을까 하는 생각을 한다. 아버지가 돌아가신 후 나의 삶은 너무 가혹해졌고, 책임져야 할 것도 짊어져야 할 것도 많아졌다. 삶이 너무 힘들 때면 종종 아버지 산소 앞에 앉아 하늘을 보며 아빠는 왜 이렇게 일찍 가서 내 삶을 이렇게 힘들게 만들었냐며 푸념을 늘어놓기도 했다.

온전히 내 힘으로 이겨내야 하는 힘든 시간을 거치면서 많은 것을 배웠다. 그 시간 동안 나는 실패에서 다시 일어나는 법을 배웠고, 삶을 의연하게 볼 수 있는 내면의 단단함도 생겼다. 하지만 이렇게 아버지를 생각하며 글을 쓰다 보니 오늘따라 아버지가 너무 그립다.

이혼, 건강 악화,
우울증 그리고
홀로서기

　아버지가 돌아가신 후 어머니는 남편을 잃은 슬픔에 너무나 힘들어하셨다. 그리고 나는 개인적인 감정을 묻어두고 당장 문제가 생길 수 있는 회사와 주변 상황을 수습하는 것이 더욱 중요하다고 생각했다. 슬픈 감정을 채 추스르기도 전에 너무 많은 사건이 한꺼번에 일어났고, 처리해야 할 일들과 책임져야 할 일들이 나를 몰아치기 시작했다. 아버지가 돌아가신 후 어수선한 분위기 속에서 회사에서는 사건 사고가 쉴 새 없이 터져 나왔고, 내 감정은 사치스러운 것일 뿐이었다. 당장 눈앞에 있는 사고들을 어떻게 수습할 것이며, 이 난관을 어떻게 헤쳐 나가야 할 지에만 몰두하였다.

　그러나 당시에는 별것 아니라고 치부했던 감정들을 그저 속에 꾹꾹 눌러 담아두면 언젠가는 밖으로 터져 나온다는 것을 몰랐다.

아이의 임신·출산 시기와 아버지의 투병 시기가 맞물리면서 내 몸을 제대로 돌볼 수 없었고, 아이를 낳고 산후조리를 제대로 하지 못해 산후풍이 심하게 왔다. 그때부터

   3년이 넘는 기간 동안 이유를 알 수 없는 통증에 시달려야 했다. 병원에 가도 그때뿐이었고, 전혀 나아질 기미가 보이지 않았고, 아이가 돌이 될 때까지 밤에 제대로 편하게 잘 수가 없었다. 거기에 회사 걱정까지 하다 보니 편히 잠들 수 없어서 늘 수면 부족에 시달렸다. 그렇게 몇 년이 지나고 나니 몸뿐만 아니라 마음까지 만신창이가 되어 있었다.

   생각해 보면 나는 언제나 전형적인 K-장녀로 살았다. 어떤 상황에 놓이든지 늘 버티면서 책임지고 해내는 사람이어야 한다는 강박 속에 살아왔다. 회사 대표가 된 이후에는 약한 모습을 보이면 죄가 되는 상황을 마주해야 했다. 그럴 때마다 나약한 내면을 깊게 숨기고 굳건한 모습을 보이려 노력했다. 이 시기 겉으로 보이는 나는 일본 법인을 만들고 새로운 사업을 기획하고 사업을 제대로 해내기 위해 열정적으로 일하는 사장의 모습이었지만, 내면은 그렇지 못했다.

   어느 날 밤 집에 혼자 우두커니 앉아 멍하니 밖을 내다보고 있

었다. 그 당시 아파트 18층에 살고 있었는데, 불현듯 머릿속에 '이 베란다 창을 열고 뛰어내리면 한 번에 죽을 수 있겠지? 뛰어내리면 나의 이 모든 고통이 끝나지 않을까? 이렇게 고통스러운 바엔 그냥 죽는 게 낫지 않을까?' 하는 생각이 머릿속을 스쳤고, 내 몸이 베란다를 향하는 걸 느낀 순간 '내가 제정신이 아니구나.'라는 생각을 했다. 내 상태가 심각하다는 걸 자각하고 난 후, 난 곧바로 집 근처에 있는 심리상담소를 찾아보기 시작했다. 마침 회사에서 15분 거리에 심리상담소가 있었고, 나는 상담을 받으러 다니기 시작했다.

그때를 회상하며 종종 하는 얘기가 있다. 그때 나를 상담해 주었던 상담소장님이 아니었다면 난 아마 지금 이 세상에 없을지도 모른다고. 상담소장님은 처음부터 우울증약을 먹기보다는 우선 상담을 진행하면서 상태를 보자고 하셨고, 상담을 진행하면서 마음이 천천히 낫기 시작했다. 한동안 눈물이 한 방울도 나오지 않아서 눈물샘에 이상이 생겼는지 검사를 받으러 병원에 가야 하나 하는 생각까지 할 정도였는데, 상담을 받을 때마다 한 시간 내내 눈물을 쏟다가 나오곤 했다. 조금씩 속 이야기를 하고 감정을 터트릴 수 있게 되면서 조금씩 웃을 수 있게 되었던 것 같았다. 흑백으로 느껴지던 삶이 상담을 받으며 조금씩 컬러로 변해 가는 느낌이었다.

하지만 심리상담을 받으러 다닌다고 하니 주변의 반응은 싸늘했다. 그렇게 나약해서는 아이를 지킬 수 없다는 말이나 심리상담은 정신병자나 가는 거라는 말을 들으며 또다시 상처를 받았다. 불안정한 심리 상태를 직면하고 용기 내어 상담을 받으러 갔던 행동이 그저 나약한 행동으로 낙인찍히는 상황에서 아무 말도 할 수 없었다.

어느덧 내 주변에는 마음을 터놓고 이야기할 사람이 없어졌고, 매 순간 외롭다고 느꼈다. 그나마 나의 마음을 이야기할 수 있고 숨통이 트이는 순간은 심리상담을 받는 50분의 시간뿐이었다. 어떤 이야기를 하던 나를 평가하거나 단죄하는 것이 아니라, 있는 그대로의 인간 고혜진의 이야기를 할 수 있는 유일한 시간이었다.

이렇게 힘든 시기에 기댈 수 있는 가족이 없다는 것이 더욱 고통스러웠다. 아버지를 잃은 슬픔에 남은 가족들은 각자 고통을 끌어안고 있었고, 나와 가장 가까워야 하는 배우자는 점점 더 멀어져만 갔다. 집의 가장이자 엄마이자 배우자라는 책임감 속에서 잘하고 있다는 응원이 아닌 질책은 나를 더 피폐하게 만들었다.

심리상담을 진행한 지 1년쯤 지난 어느 날 소장님은 부부 상담이 필요하다고 하며 남편과 함께 상담받을 것을 제안하셨다. 하지

만 그는 자신이 정신병자가 아니라서 같이 갈 수 없다고

했다. 아마 그날이었던 것 같다. 더는 이 사람과 함께 할 수 없다고 느꼈던 순간이. 너무 힘들었던 어느 날 컴퓨터 모니터를 쳐다보고 있던 그에게 물었다. "나는 계속 힘들어지는데 함께 상담도 못 하겠고 해줄 수 있는 것도 없고, 내가 이제 다 그만하고 싶다고 이혼하자고 하면 어떻게 할 건데?" "그럼 어쩔 수 없지, 뭐." 내 얼굴은 보지도 않고 무심하게 대답하던 그를 보며 결정을 내렸다. 서로를 힘들게만 하는 관계라면 차라리 각자의 행복을 위해 헤어지는 것이 낫겠다고. 연애 기간 3년, 결혼 기간 6년. 그 긴 시간을 정리하는 데는 채 6개월이 걸리지 않았다.

아이와 함께 홀로서기를 하는 것이 쉽지는 않았지만, 오히려 이혼 후에 점점 안정을 찾아갔다. 건강이 조금씩 호전되면서 다시 웃음을 찾을 수 있었고, 나를 돌보는 시간도 더 늘어났다. 건강 악화로 인한 몸의 고통과 우울증으로 인한 마음의 고통을 겪을 당시에는 이러한 경험이 나의 삶에 어떤 영향을 미치게 될지 알 수 없었다. 하지만 이제는 고통스러웠던 시간과 우울증을 왜 겪어야만 했는지 알 것 같다. 우울증을 실제로 겪어보기 전까진 다른 우울증 환자를 이해하지 못했다. 그저 나약한 사람들이 변명하느라 하는 소리라고 생각했다. 그런데 우울증을 겪은 후 내가 소장님의 도움

으로 살 수 있었던 것처럼, 자신의 힘으로 빠져나올 수 없는 감정의 고통을 겪는 사람들을 도와야겠다는 생각을 처음으로 하게 됐다. 그리고 이러한 순간이 있었기에 누군가에게는 나의 경험담이 위로가 될 수 있었다.

지나고 보면 인생에 그리 나쁜 일도 없는 법이다. 내 인생의 모든 순간은 나에게 배움을 주기 위해 일어나는 것이니까.

살아 있어서
참 다행이야

요즘 들어 드는 생각이 하나 있다. '지금 이 순간 살아 있어서 참 다행이야.'

몇 년 전 우울증이 가장 심했던 시기가 있었다. 출산 후 몸을 제대로 추스르지 못해 산후풍이 심해졌고, 이유 없이 몸이 계속 아파서 일상생활을 제대로 할 수 없을 정도였다. 몸만 안 아파도 소원이 없겠다는 생각을 할 정도였다. 뭘 해도 즐겁지 않았고 그저 숨을 쉬고 있으니 꾸역꾸역 살아내는 느낌이었다. 인생에서 건강이 얼마나 중요한지 깨닫게 된 시기였다.

그리고 아파트에서 자살 충동을 느끼면서 우울증에 대해서도 이해할 수 있었다. 자살을 결정하고 실행하기까지 10분이 채 걸리지 않는다고 한다. 만약 그때 실행력이 조금만 더 좋았더라도 아마 나는 이 세상에 없었을지도 모른다. 몸이 아프면 병원을 찾아가야 하는 것처럼 정신이 아플 때도 치료할 수 있는 곳을 찾아가야 한다. 우울증 역시 자신의 의지만으로는 떨쳐낼 수 없는 병이므로 전문의의 도움을 받아야 한다.

만약 상담을 받지 않고 다른 선택을 했더라면 너무 후회스러웠을 것이다. 이렇게 즐거운 삶을 온전히 누리지 못하게 되었을 테니까. 시간이 지나면 마치 계절이 지나가는 것처럼 고통도 지나가고 점차 상황이 좋아지는 시기가 도래하기 마련이다.

갑작스러운 파산으로 인해 경제적으로 힘들었을 때 다행히 한부모지원센터에서 지원하는 무료 심리상담을 받을 수 있었다. 조금만 찾아보면 금전적으로 어려운 상황일지라도 도움을 받을 수 있다. 인생에서 삶을 놓아버리고 싶을 정도의 위기가 두 번 있었는데, 첫 번째가 우울증으로 자살 충동이 생겼을 때였고 두 번째가 가업 상속 포기를 하면서 모든 것을 다 잃었을 때였다. 앞으로 어떻게 살아야 할지 앞이 캄캄했던 그 시기에, 믿어주고 응원해 주는 사람들이 주변에 없었다면 아마 버텨내기 힘들었을 거다.

요즘 들어 청년들의 자살률이 점점 더 높아진다는 뉴스를 접하며 마음이 매우 아팠다. 극단적인 선택을 하기 전에 조금이라도 마음을 터놓거나 상담을 통해 도움을 받을 기회가 있었다면 그런 선택을 하지 않았을 수도 있었을 텐데 하는 안타까운 생각이 든다. 그 순간엔 너무나 고통스러워 다 그만두고 싶더라도 버텨내고 나면 고통이 조금씩 사그라지는 경험을 하게 된다. 마치 진통제를 먹으면 고통이 줄어드는 것처럼 말이다.

예쁘게 커가는 아이들의 모습을 볼 수 있는 것도, 순탄하지 않은 삶이지만 그 안에서 많은 것을 배울 수 있는 것도, 위기의 순간마다 도움을 주는 귀인을 만난 것도, 나를 응원해 주는 수많은 친구와 인연들을 만나게 된 것도, 우연히 시작한 유튜브를 통해 이렇게 책까지 쓰는 기회를 얻은 것도 살아 있기에 가능한 것들이다. 이렇게 살아 있어서, 그래서 이 모든 것들을 경험할 수 있어서 참 다행이다.

제 2 장
스물다섯, 사업을 하게 되다

모든 일에는
끝이 있다

어릴 적 나의 꿈은 사업가가 아니었다. 사업을 하는 집의 장녀로 태어났고, 창업주 2세라는 이유로 나의 의지와는 무관하게 사업을 물려받아야 했다. '운 좋게 창업주의 딸로 태어난 주제에 복에 겨운 소리 하네.'라고 욕을 할 수도 있지만, 회사를 물려받는다는 건 단순히 부모님의 재산을 물려받는 것이 아니다. 그 회사에 몸담고 있는 직원들과 그 가족들의 삶까지 책임져야 하는 것이다. 제대로 준비되지 않았던 스물다섯의 나에게는 그 책임감이 너무나 버거웠다. 기댈 수 있는 아버지가 계시지 않다는 절망감 속에서 끝없는 터널 속에서 헤매는 듯한 느낌이 들기 시작한 것이 이때부터였던 것 같다.

이렇게 어린 나이에 회사의 대표가 될 거라곤 상상하지 못했다. 늘 아버지가 나를 지켜주실 거라 믿었고 난 옆에서 도와드리며 나의 삶을 살아가면 될 것으로 생각했다. 그런데 청천벽력 같은 아버지의 말기 암 판정 이후로 지금까지 산잔하게 흘러가던 나의 삶이 갑자기 뒤바뀌어 버렸다. 병원에서는 정기건강검진의 검사 결과가 좋아서 곧 완치 판정을 받을 수 있을 거라고 했다. 그런데 몇 달쯤 후에 주변에서 아버지 얼굴 낯빛이 좋지 않다고 병원에 가보는 것이 좋겠다고 하여 다시 병원을 찾았다. 최근에 아버지께서 많이 피곤하셔서 그런가 보다 싶었다. 하지만 그 생각은 이내 악몽으로 바뀌었다.

초기 암 진단으로부터 4년이 좀 넘은 시점이었다. 완치가 눈앞이라는 이야기를 들은 지 몇 달 뒤 다시 찾은 병원에서는 말기 암이라는 이야기를 듣게 되었다. 가족들은 이 사실을 믿을 수 없어서, 다른 환자와 진료 차트가 바뀌었거나 오진일 거라는 생각까지 했다. 하지만 그날 이후 나날이 쇠약해져 가는 아버지의 모습에 우리의 믿음도 사그라져 갔다. 말기 암 판정 후 아버지에게 남은 시간이 앞으로 1년 반 정도라는 이야기를 듣고, 어머니는 나의 결혼을 재촉하셨다. 한 명이라도 결혼식에서 아버지 손을 잡고 입장하는 게 좋겠다고. 그래서 급히 결혼을 하였고 신혼여행에서 아이가 생겼다. 손주가 생겼다는 소식에 아버지는 너무 기뻐하셨다. 초음파 사진을 보내드리면 곧 손주 얼굴을 볼 수 있을 거라며 즐거워하셨다. 건강하게 더 살아서 손주가 자라는 모습을 보고 싶다는 희망에 힘을 내시는 듯했다.

　어머니께서 아버지의 병간호를 위해 병원에 계시게 되면서 나 홀로 회사를 책임져야 했다. 20대 후반의 어린 나이에 임신까지 한 상태에서 회사를 지켜야 한다는 중압감이 짓눌렀지만 그래도 버텨야 했다. 그렇게 시간이 흘러 아이가 태어난 지 3주 만에 아버지는 하늘나라로 가셨다. 그러나 아버지를 잃은 슬픔을 애도할 시간 따위는 주어지지 않았다. 출산 후에 몸조리를 제대로 하지 못하고 수시로 아버지를 뵈러 병원에 다니다 보니 몸 상태가 좋을 리 없었고, 결국 장례식장에서 자리를 지키다가 몸이 너무 아파서 집으로 실려 왔다. 그날부터

　3년 넘게 산후풍에 시달리며 어떻게 살았는지도 모를 정도로 고통스러운 시간을 견뎌야 했다.

　사업을 하다 보니 사람을 믿기가 어려워졌다. 돈을 잃는 문제도 있었지만, 그보다 더 배신감을 느꼈던 것은 하루아침에 등을 돌리는 사장님들이었다. 아버지가 투병하시던 당시 아버지의 오랜 지인인 거래처 사장님이 외상으로 컨테이너 하나 분량의 원단을 만들어 달라고 오더를 넣었다. 이미 밀린 외상 대금이 쌓여있

었으므로 정산하기 전까지는 원단을 줄 수 없다고 거절했으나, 그 분은 굳이 투병 중이신 아버지께 연락하였고 아버지가 내게 전화하여 원단을 내주라고 하셨다. 아버지의 투병 사실을 나 아는 그 사람은 그렇게 컨테이너 몇 개를 남미로 수출한 뒤 잠적해 버렸는데, 우리뿐만이 아니라 여러 거래처에 원단 대금을 떼먹었다는 이야기가 들렸다.

사람의 탈을 쓰고도 정말 이럴 수 있을까 싶은 사기꾼들의 향연은 여기서 끝이 아니었다. 아버지가 돌아가신 후 우리 회사가 곧 문을 닫을 거라는 소문이 돌았다. 그도 그럴 것이 창업주가 작고한 후 회사가 오래 유지되는 예가 많지 않았기 때문이다. 그 이후 원단 오더 물량이 1/3로 뚝 떨어졌다. 심지어 원단 대금을 주지 않고 우리가 망하기를 기다리는 사람도 있었다. 밀린 돈을 받기 위해 사무실에 찾아가면 분명 밖에 세워진 차가 보이는데도 사장님이 없다는 직원의 성의 없는 안내에, 사무실에서 몇 시간씩 기다리다가 나오기도 했다. 결국 추심업체를 통해 돈을 받긴 했지만, 아버지가 계실 땐 친구라고 하며 나에게 딸 같다던 사람들이 돈 앞에서는 냉정하게 등을 돌렸다.

모든 것이 너무 버거웠다. 나의 울타리였던 아버지는 곁에 계시지 않았고, 어머니도 깊은 슬픔에 한동안 회사 일을 하지 못하셨다. 사업을 어떻게 해야 하는지 알려줄 스승이 없으니, 나는 그저 눈앞의 일들만 하나씩 하나씩 해나갈 수밖에 없었다. 아버지를 잃었다는 슬픔을 다독일 시간도 없이 사장의 자리에서 어떻게든 버텨내야 했고, 그 와중에 나는 딸이자 아내이자 엄마의 역할도 해내야 했다. 이 시기에는 너무나도 고독했고 몸도 아파서 삶을 놓아버리고 싶을 정도로 너무나 고통스러웠다. 지금에 와서 되돌아보면 이러한 시간이 있었기에 단단해진 지금의 내가 있게 되었다고 생각한다.

세상은 생각보다 아름답지 않다는 것을 이때 배우게 된 것 같다. 사람들이 모두 내 마음 같지 않고, 남을 이용하거나 사기를 치는 사람들은 늘 주변에 있다는 사실도 체감했다. 아마 이때가 마음의 문을 꾹 닫은 채 지냈던 시기가 아닌가 싶다.

그 당시 나에게 깨달음을 준 사건이 하나 있었다. 회사로 출근하는 길에는 터널이 몇 개 있었다. 어느 날 터널 안에서 교통사고가 나는 바람에 차 안에서 꼬박 2시간을 갇혀 있어야 했다. 평소에는 10분도 채 걸리지 않는 길에 갇혀서 옴짝달싹할 수 없었다. 앞의 상황이 어떤지, 정리가 되고는 있는지도 모른 채로 그저 기다려야만 하는 시간이 계속됐다. 그러던 중 이런 생각이 머리를 스쳐 지나갔다. 터널 안에서 기다리는 상황이 마치 나의 인생 같다고.

끝이 보이지 않고 언제 빠져나갈 수 있는지조차 알 수 없는 어두컴컴한 터널에서 나는 그저 교통 정리가 되기를 기다릴 뿐이었다.

그러다가 겨우 터널을 빠져나오게 되면서 이런 생각이 들었다. 모든 일에는 끝이 있다는 것. 힘든 시간이 이어지더라도 언젠가는 지속되더라도 끝이 있을 거라고 믿기로 했다. 그리고 아주 조금씩이라도 앞으로 나아갈 수 있다면 그 터널의 끝에 다다르게 될 것이고, 변화가 없는 것처럼 느껴지더라도 조금씩 나아가고 있는 거라고 믿기로 했다.

이때의 깨달음이 나를 견딜 수 있게 했다. 그리고 터널의 깊이에 따라 시간에 차이가 있을 뿐, 언젠가는 지날 수 있다는 것을 이제는 안다. 지금 너무나 힘든 상황이고 끝이 보이지 않는 터널 속에 갇힌 것 같아 괴롭더라도 조금만 더 버티고 힘내보라고 얘기해 주고 싶다. 반드시 그 고통의 터널에도 끝이 반드시 있을 테니.

필연이
아니었을까

　　캐나다는 대표적인 이민 장려 국가다. 그래서 캐나다의 4년제 대학을 졸업하면 취직 여부와 상관없이 2년 기간의 워킹 비자를 발급해 준다. 그래서 마지막 학기를 앞두고 캐나다에 좀 더 남아 구직활동을 할 것인지 한국에 돌아가 취업을 할 것인지 고민을 하던 중, 한국에서 엄마의 연락을 받았다. "이번에 아빠가 건강검진을 받았는데 내시경 중에 위암을 발견했어." 암이라는 단어에 난 가슴이 철렁 내려앉았다. 다행이었던 건 초기에 발견해서 제거할 수 있었고, 앞으로 건강관리를 잘하면 괜찮을 거라는 의사 선생님의 말씀에 한시름 놓을 수 있었다.

　　아버지의 건강 문제로 인해 유학 생활을 마치고 한국으로 돌아와야겠다는 결정을 내렸다. 그동안 힘들게 뒷바라지 해주신 아버지의 건강이 좋지 않으니, 이제는 온 가족이 다 함께 살아야 하지 않겠냐는 부모님의 뜻도 있었다. 그래서 오랜 캐나다 생활을 정리하고 2008년에 한국으로 돌아왔다. 다행히 아버지는 수술 후 건강이 많이 회복되었고, 한국에 돌아온 이후 몇 년 동안 가족들과 행복한 추억이 가장 많았다. 어릴 때는 부모님이 일하시느라 시간적 여유가 없었고 학창 시절엔 내가 유학을 떠나서 함께 시간을 보낼 수가 없다 보니, 가족여행을 갔던 기억이 거의 없었다.

한국에 돌아와서 가족과 함께한 제주도 여행이 아직도 기억에 남는다. 공장을 오래 비울 수 없어서 신정 연휴에 시간을 냈다. 오랜만에 가족 모두 모여서 떠났던 여행에 행복해하시던 아버지 얼굴이 아직도 눈에 선하다. 1박 2일의 여행을 마치고 서울로 돌아오는 날 엄청난 폭설이 내리는 바람에 비행기가 결항되어 제주도에서 하루 더 보내야 했다. 갑작스러운 폭설로 공항 근처의 호텔은 모두 만실이 되어 묵을 수가 없었다. 어쩔 수 없이 허름한 모텔의 침대도 없는 방을 한 칸 빌려서 온 가족이 불편한 밤을 보내야만 했다. 하지만 이것도 다 추억이라고 옛날 단칸방 시절 이야기를 하며 웃고 떠들며 보냈다.

한국으로 돌아온 후 곧바로 부모님 밑에서 사업을 배운 건 아니었다. 귀국하자마자 취업을 위해 여기저기 입사원서를 냈고 3개월 후 서울에 취업하면서 서울살이를 시작했다. 그러다 다음 해에 아버지를 도와 사업을 해야 하지 않겠냐는 부모님의 이야기에 공장으로 출근을 시작하면서 다시 양주로 돌아왔다.

매일 부모님과 공장으로 출퇴근을 함께했다. 당시에는 주 6일 근무가 보편적이었고 토요일에도 저녁 늦게까지 일하기도 했다. 주말에 친구를 만나러 서울에 가려면 집 앞에서 배차시간이 1시간인 버스를 타야 했고, 저녁 9시 전에 지하철을 타지 않으면 집으로 오는 마지막 버스를 탈 수 없었다. 그러다 보니 대부분 시간을 양주의 공장에서 보냈다. 그런 삶은 캐나다에서의 조용한 삶과 크게 다르지 않다고 느껴졌다.

공장이 외진 곳에 있다 보니 교통이 불편해서 직원 구하기가 쉽지 않았다. 그래서인지 주변엔 나처럼 부모님을 도와 회사에서 일하는 2세들이 많았고, 자식들이 돕지 않으면 공장을 운영하기 어려운지라 대부분은 부모님 사업을 돕다가 이어받는 것이 일반적이었다. 공장에서 일하다 보니 '어차피 공장에 와서 일을 도울 거라면 왜 굳이 멀리 캐나다까지 유학을 다녀온 걸까? 그냥 고등학교 졸업하고 와서 일이나 배울걸.' 하는 생각이 들기도 했다. 그럼에도 모든 경험이 다 도움이 될 때가 있을 거라고 생각하기로 했다.

이따금 '그때 회사로 들어오지 않고 다른 직장에 다녔거나 다른 일을 했다면 지금의 삶이 많이 달라져 있지 않을까?'라는 생각을 해보곤 한다. 그런데 2009년에 양주로 돌아온다는 결정을 하지 않았더라도, 아버지가 돌아가시고 누군가 회사를 맡아서 해야 하는 상황이었다면 또다시 회사를 물려받는 선택을 했을 것 같다는 생각이 들었다. 아버지에게서 시작된 사업의 인연이 법인 파산으로 마침표를 찍은 지금은 운명이 나를 어떤 길로 이끌지 궁금해진다. 사업을 시작하고 나서 15년이 흐른 지금 또다시 갈림길에 선 느낌이 든다. 나는 계속 사업을 하게 될까, 아니면 다른 길을 찾게 될까.

내 인생의
멘토

요즘 SNS를 보다 보면 이런 말들이 많이 보인다. '어린 시절 가난했고 가진 것이 아무것도 없었는데 책을 많이 읽고부터 인생이 달라졌다.' '부자가 되려면 책을 많이 읽어라.' 정말 책을 많이 읽으면 인생이 달라질까? 책을 읽으면 인생이 바뀐다는 말에 열심히 독서를 하지만 달라지지 않는 현실에 '그럼 그렇지. 다 말도 안 되는 거짓말이야.'라고 푸념할 수도 있을 것 같다. 나 역시 삶을 바꾸고 싶어서 미친 듯이 책을 읽었고, 바뀌지 않는 삶에 좌절하기도 했다. 이처럼 무작정 책을 읽느라 지친 사람들에게 내가 책으로 어떻게 삶을 바꾸었는지를 들려주고 싶다.

책을 읽으면서 깨닫게 된 것은, 단순히 책만 읽는다고 삶이 달라지는 것이 아니라 알게 된 내용을 실제 행동으로 옮길 때 삶에 변화가 찾아온다는 것이다. 정말 좋은 책은 마음을 울리고, 이를 행동으로 옮기다 보면 새로운 삶이 열리는 경험을 한 적이 있었다. 그저 책 한 권을 읽었을 뿐인데, 예전에는 상상도 못한 새로운 일이 시작되기도 했다.

아버지가 돌아가시고 난 후 회사를 오롯이 혼자 지켜내야 한다는 중압감에 잠을 제대로 잘 수 없었다. 육아와 사업의 병행은 체력적으로 너무 버거웠고, 새벽에 깨서 우는 아이를 달래느라 밤잠을 설치고 출근했다가 퇴근하여 다시 집으로 출근하는 날들이 반복됐다. 새벽에 아이를 달래서 재운 후에는 회사 걱정과 불안감에 잠이 들 수 없었는데, 심적으로 고통스러운 시간을 흘려보내기 위해 뭐라도 해야겠다는 생각에 책을 읽기로 했다. 그때부터 시간이 날 때마다 무작정 동네 도서관에 들러 책을 한 아름씩 빌려오곤 했다.

도서관 책꽂이에 꽂힌 책의 제목들을 눈으로 쓱 훑어보다가 마음에 드는 제목이 있으면 꺼내어 살펴보았는데, 어느 날 손에 잡힌 책은 「살아남은 사업가의 절대습관」이었다. 저자 임수열 대표님의 사업 이야기들을 읽으며 문득 '저렇게 절망적인 순간에도 어떻게 다시 사업을 키워낼 수 있었을까?' 하는 궁금증이 생겼다. 그리고 그날 새벽 책 뒤편에 있는 저자의 이메일 주소를 찾아 장문의 이메일을 써 내려가기 시작했다. 저자에게 꼭 연락해 봐야겠다고 생각한 것은 이때가 처음이었다. 가르침을 얻을 멘토 없이 사업을 진행하면서 답답한 마음을 앞서 경험해 본 누군가에게 이야기하고 싶어서 그랬는지도 모른다.

새벽 감성에 취해 구구절절 긴 이메일을 썼던 건 아닐까. 막상 이메일을 보내고 아침에 다시 읽어보니 걱정이 몰려왔다. 답장을 기대한 것은 아니었다. 하지만 혹시나 답장이 올 수도 있지 않을까 하고 기대하며 며칠이 지났지만 무소식이었다. 그래서 '그럼 그렇지. 바쁜 분이 어떻게 일일이 답장을 주시겠어.' 하며 시무룩해져 있던 어느 날 메일함에 장문의 이메일이 도착해 있었다.

긴 이야기에 답장을 보내기 어려워 생각을 하느라 이메일이 늦어졌다는 내용과 함께 따로 시간을 내어 직접 만나서 이야기를 들어주신다고 했다. 2015년 2월 14일 발렌타인데이에 만났는데 아직도 기억난다. 작은 카페에서 만나 이런저런 이야기를 나누며 처음으로 아버지가 아닌 다른 사람에게 사업에 대한 고민을 이야기할 수 있었다. 그날 일본으로 수출할 수 있는 온라인플랫폼에 대한 이야기를 처음 들었고 그 만남을 통해 새로운 사업이 시작되었다.

일본어를 한마디도 못 했지만, 일본에 법인을 만들어 판매를 시작했고 그렇게 하나씩 나만의 사업을 진행해 나갔다. 오프라인에서 원단 납품만 해왔던 내가 온라인 판매를 시작하였고, 다양하게 사업을 확장해 나갈 수 있는 기회가 되었다. 아마 그때 책을 보고 저자에게 이메일을 쓸 용기를 내지 못했다면 새롭게 시작할 기회를 얻지 못했을 것이다. 이 소중한 경험 이후 나는 조금 더 적극적인 사람이 될 수 있었다. 또한 결과를 섣불리 판단하지 말고 일단 할 수 있는 건 뭐든지 해보자는 마음이 강해졌다.

책은 수많은 스승의 지혜를 엿볼 수 있는 가장 좋은 도구였다. 실제로는 쉽게 만날 수 없는 수많은 멘토가 책을 통해서 언제 어디서든 내가 가장 원하는 순간에 길을 알려주었다. 스티브 잡스가 말했던 점을 잇는다는 것이 현실에서 이렇게 이루어지는구나 하고 깨달은 순간이기도 했다. 도서관에 서 있던 순간, 책을 꺼내 들고 읽기 시작한 순간, 그리고 컴퓨터 앞에 앉아 이메일을 써 내려가던 순간, 그리고 카페에서의 만남까지. 돌이켜보면 그 모든 순간의 점이 이어져 지금의 나를 만들었다.

삶을 바꿔보고 싶은데 어디서부터 시작해야 할지 몰라 막막할 때 첫 실마리를 준 것은 바로 책이었다. 부족한 경험이나 문제 해결 능력은 책 속 현인들의 지혜를 빌릴 수 있었고, 책을 통해 만난 인연이 새로운 사업의 기회로 연결되기도 했다. 사람들이 나에게 책을 추천해 달라는 이야기를 종종 한다. 그러면 힘든 순간마다 나를 지탱해 주었던 몇 권의 책을 추천해 주곤 한다. 어려운 일들이 닥칠 때 내 곁을 지켜주었던 책들과, 책에서 시작된 인연이 만들어 준 새로운 기회들이 나에게 선사한 행복한 순간들을 구독자님들도 마주하길 기대하는 마음으로.

경이로운
우연의 마법

아인슈타인의 명언 중 이런 말이 있다. '정신병이란 같은 일을 계속 반복하면서 다른 결과를 기대하는 것이다.' 당연한 말이지만 다른 삶을 살기 위해 지금까지와는 다른 행동을 하기란 말처럼 쉽지 않다. 왜냐하면, 다른 결과를 얻기 위해 지금 어떤 행동을 바꾸어야 하는지 정확하게 알 수가 없기 때문이다. '지금처럼 계속 가난한 삶을 살고 싶지 않아. 그러니까 오늘부터 부자가 되는 행동을 할 거야.'라고 생각했을 때, 당장 오늘부터 어떤 행동을 달리해야 하는지 정확하게 아는 사람이 얼마나 될까?

시간이 꽤 흐르고 나서야 이 물음에는 정답이 없다는 걸 알게 되었고, 왜 새로운 것을 과감하게 시도하지 못했을까 하고 후회하였다. 그리고 아주 어릴 적의 기억에서 그 답을 찾을 수 있었다. 나는 항상 칭찬받고 싶어 하는 아이였다. 어릴 때 공부를 열심히 했던 이유는 인정받고 칭찬받기 위함이었다. 초등학교 1학년 때 첫 상장을 들고 집으로 돌아갔을 때 "우리 혜진이가 상을 타왔네?"라며 환하게 웃으시던 엄마의 얼굴을 잊을 수 없다. 고된 시집살이에 힘들어하시던 엄마가 그렇게 웃는 모습을 처음 본 나는 '내가 상을 타와야 우리 엄마가 행복해하시는구나.'라고 생각했다. 그래서 엄마를 기쁘게 해드리기 위해 공부를 열심히 했었다.

문제는 그러다 보니 실패를 극도로 두려워하게 된 것이었다. 엄마가 실망하시면 더는 웃어주시지 않을 거라는 생각이 들어서였을까. 성적이 떨어지거나 재능의 한계를 느끼거나 작은 벽에만 부딪혀도 금세 포기하곤 했다. 당연히 실수도 할 수 있고 실수를 통해 더 많은 것을 배울 수 있다는 것을 알지 못했으므로 결과가 좋지 않을 것으로 예상되면 아예 시도조차 하지 않으려고 했다. '무조건 잘해서 칭찬을 받아야 해.' 지금에 와서 돌이켜 보면 실패하면 안 된다는 생각 때문에 도전하기도 전에 포기했던 순간들이 아쉽게 느껴진다. 결과도 중요하지만 노력과 과정 또한 값지다는 것을 그때는 알지 못했으니 말이다.

사람들은 보통 어릴 때 호기심이 더 많고 원대한 꿈을 꾸며 뭐든지 할 수 있다는 자신감에 차 있다가 나이가 들어갈수록 현실에

순응해 가는데, 오히려 나는 어릴 때 더 실패를 두려워하고 새로운 도전을 하지 못했다. 나이를 먹고 어른이 되어서야 완벽한 사람은 존재하지 않으며 누구나 실패를 할 수 있다는 사실을 인정하게 되었다. 다행인 건 결과가 불확실하더라도 시도할 수 있는 용기를 얻게 된 것이다.

그 계기는 아마도 회사를 맡게 되면서 겪었던 무수히 많은 삶의 파도 때문인 것 같다. 인생에서 겪을 수 있는 모든 불행이 이 시기에 한꺼번에 밀려온 것 같았다. 아버지의 울타리가 사라지고 회사를 맡게 된 이후 매일마다 롤러코스터를 타는 것만 같았다. 떨어진 매출을 올리기 위해 영업을 다니고 미수금을 받기 위해 법원을 오가며 어려움을 헤쳐 나가기 위해 발버둥쳤다.

새로운 행동을 시도하기 어려운 이유는 오늘 새로운 일을 한다고 내일 당장 그 결과가 나오지는 않기 때문이다. 게다가 원하는 결과물이 바로 나오지 않으면 '될지 안 될지도 모르는데 괜한 짓을 하는 건 아닐까?'라는 의심이 마음속에 가득해지면서 결국 포기하게 된다. '잘못되면 어쩌지?' 하는 두려움이 항상 앞을 가로막았지만 나에게 다른 선택지는 없었다. 오히려 뭐라도 해야만 하는 상황이 닥치자 '까짓것 죽기야 하겠어?'라는 심정으로 용기를 낼 수 있었다.

이전까지는 오프라인으로 원단 납품만 했다. 그런데 돌파구를 찾기 위해 온라인 판매라는 새로운 시도를 하게 되었다. 한 번도 해보지 않은 방식이라서 투자하고 새로운 고객들을 만들어 나가는 일이 순탄치만은 않았다. 초기에는 매출보다 비용이 더 많이 투자되었기에 '과연 언제쯤 결과를 낼 수 있을까?'라는 고민과 '돈만 투자하고 성과 없이 실패로 끝나지는 않을까?'라는 두려움에 잠 못 이루는 날이 지속되었다. 하지만 두려움을 이겨내고 새로운 일들을 시작할 때마다 새로운 기회의 문이 내 앞에 열리는 경이로운 경험을 하게 되었다. 투자금이 필요했기에 고민하다가 정부지원사업에 관해 알게 되었고, 여러 번의 시도 끝에 선정되어 지원금을 받을 수 있었다. 의류 브랜드를 시작했을 때는 마치 기다렸다는 듯 필요한 업체나 인연들을 만나는 경험을 하기도 했다.

그 당시 한국에서 요가복이 인기를 얻기 시작하였는데, 기회를 보다가 '나만의 브랜드로 옷을 만들자'라는 결정을 하였다. 원단을 개발하고 옷을 만들고 나서는 온라인 판매를 고민하고 있었는데, 마침 지인으로부터 '쇼공'이라는 플랫폼을 듣게 되었다. '쇼핑을 공장에서'라는 콘셉트로 국내 공장을 소비자와 연결하는 직거래 플랫폼이었다. 그날 곧바로 이메일을 보냈는데, 마침 그날 '쇼공'에서도 신규 요가복 업체를 찾아야 해서 내부 회의를 하고 있던 시간에 이메일을 받았다고 하였다. 그 후 일사천리로 과정이 진행되면서 홍보 영상을 촬영하고 플랫폼에 제품이 올라가기까지 채 2주일이 걸리지 않았던 것 같다.

새로운 사업을 시작할 때는 일이 어떻게 흘러갈지 전혀 예상할 수 없다. 그런데 일단 시작하고 필요한 것들을 찾아보면서 점들을 하나씩 연결해 나가다 보면 새로운 기회를 만나게 된다. 도서관에서 우연히 마주한 책에서 새로운 인연을 만나고, 그것이 계기가 되어 일본으로 수출할 계획을 세우고, 그 과정에서 원단 브랜드를 만들어 온라인으로 수출할 수 있는 판로를 만들게 됐다. 그러다가 요가복 원단을 미국의 요가복 브랜드에 수출하는 기회도 얻게 되었다. 당시에 이처럼 아주 작은 계기가 연결되어 새로운 기회가 되는 경험을 참 많이 하였다.

'우후죽순'이라는 말이 있다. 비가 오고 난 뒤 죽순이 솟아나는 것을 표현한 말인데, 대나무는 지상으로 순이 올라온 뒤부터는 엄청나게 빠르게 자란다. 대나무가 하루 동안 자라는 길이는 소나무가 30년 동안 자라는 길이와 같다고 하니 정말 엄청난 성장 속도다. 하지만 죽순이 나오기까지는 꽤 오랜 기간이 걸리며 몇 년 동안 싹이 나지 않는 일도 있다고 한다. 사업은 마치 대나무와 같지 않은가 하는 생각이 든다. 죽순이 나기까지 오랜 시간이 걸리는 것처럼, 새로운 사업의 성과가 나오기까지 얼마나 오래 걸릴지 알 수 없고 그 과정에서 실패로 끝나기도 한다. 하지만 그 인고의 시간을 지나 죽순이 나오듯 사업이 어느 정도 자리를 잡기 시작하면 그 이후엔 엄청난 속도로 자라는 대나무처럼 빠르게 성장하기도 한다.

도서관 책꽂이에서 책을 발견했을 때는 이 책이 앞으로 어떤 기회를 연결해 줄지 전혀 알 수 없었다. 그런데 시간을 돌이켜 보니 모든 시작은 바로 그때부터였다. 만약 당신이 새로운 일을 할까 말까 고민하며 망설이고 있다면 나는 우선 시작해 보라고 말하고 싶다. 일단 시작하면 나도 모르는 새로운 기회가 눈앞에 나타나는 값진 경험을 하게 될 것이다. 파산한 지금도 새로운 기회를 얻는 경험을 종종 하면서 한 번 더 생각하게 된다. 하지 않으면 아무 일도 일어나지 않지만, 뭐라도 하면 새로운 기회가 생긴다.

아가씨, 사장님은 언제 오시나?

　한국에서 여자로서 사업을 한다는 것은 녹록하지 않은 일이다. 결혼을 하고 아이를 키우면서 회사도 신경 써야 했기에 더 여유가 없었는지도 모르겠다. 공장을 운영하는 일이라 더 그랬는지도 모른다. 사무실에 앉아 업무를 보고 있을 때면 가끔 새로운 거래처에서 사람이 찾아올 때가 있는데, 처음 오는 손님이 나를 보면 항상 건네는 말이 있다. "아가씨, 사장님은 언제 오시나?" 그럼 난 조용히 다가가 내 명함을 건네고 맞은편 소파에 앉는다. 그러면 상대는 명함과 내 얼굴을 몇 번 번갈아 보다가 멋쩍은 웃음을 짓는 일이 비일비재했다. 어린 여자가 공장의 사장일 거라고는 상상도 하지 못했다는 얼굴로 말이다. 돌이켜보니 내가 거래처 사람이었어도 젊은 여자가 사장일 거라고 상상할 수 없었을 것이다.

섬유 제조 업종에는 여자 대표님들이 거의 없었고, 대다수가 아버지 연배의 남자분들이었다. 그리고 보통은 부모님 두 분이 사업을 하다 한 분이 돌아가시면 남은 한 분이 대표로 회사를 이어가는 경우가 많았고, 실제로 자녀에게 바로 대표를 맡기는 경우는 거의 없었다. 그래서 가끔 주변의 다른 사장님들과 만날 때면 항상 어머니께 하는 이야기가 있었다. '박 대표는 참 대단해. 어떻게 벌써 딸을 믿고 회사를 다 맡겨.' 내가 생각해도 어머니는 큰 결정을 하셨던 것 같다. 아직 배울 것이 많은 20대의 딸에게 어떤 믿음으로 회사를 물려주셨을까. 그만큼 내가 잘 해낼 수 있을 거라고 믿으셨던 거겠지. 그래서 더 잘 해내고 싶었고 더 자랑스러운 딸이 되고 싶었다.

하지만 마음먹은 것과는 다르게 녹록하지 않은 삶이 눈앞에 펼쳐졌다. 회사를 경영해야 하는 대표였지만, 집에선 이제 막 태어난 아이의 엄마이기도 했고 집안 살림을 챙겨야 하는 아내이기도 했다. 모든 걸 다 완벽하게 해내는 사람이 되고 싶었지만, 현실은 그렇지 못했다. 아침에 회사로 출근했다가 집으로 퇴근하면 다시 육아를 위해 출근을 하는 느낌이 들었다. 그리고 아침에 눈을 뜨면 육아에서 퇴근함과 동시에 회사로 출근하는 느낌이 들었다. 이처럼 영원히 출근해야 하는 쳇바퀴 도는 삶이 쉬지 않고 이어졌다. 그저 하루하루 살아내는 것조차 버거운 삶이어서, 아이가 가장 예

뻘 때의 행복한 순간들을 많이 놓친 것 같아 아쉬움이 크다.

내가 회사의 대표를 맡고 얼마 되지 않아 여성경제인협회 경기 북부지회가 새로이 신설됐다. 이전까지는 여성경제인협회나 관련 지원 단체가 경기도 남부 쪽에만 있었는데, 경기도 북부에 있는 대표님들은 거리가 멀어 참석하기가 쉽지 않았다. 그래서 경기도 북부에도 여성 사업가들을 위한 지원 단체가 필요하다는 목소리가 커졌고, 결국 경기북부지회가 새로이 신설되었다. 나는 그 시기에 어머니와 함께 창립 멤버로 회원 가입을 하게 되었고, 이를 기회로 수많은 여성 대표님들을 만나게 되었다. 놀라웠던 건 주변에 이렇게나 다양한 업종에 여자 대표님들이 많이 계신다는 것이었다. 그 중엔 사업도 가정일도 완벽하게 해내시는 멋있는 분들이 많았다. 나는 회사와 가정 가운데 하나만 하는 것도 버겁게 느껴지는데, 어떻게 저분들은 다 잘 해낼 수 있는 걸까 싶어 경이로웠다.

어린 시절을 돌이켜 생각해 보니 어머니도 치열한 삶을 살아오셨다. 아버지와 함께 회사를 운영하시면서도 집안은 늘 깔끔하게 정돈되어 있었고 음식솜씨가 좋으셔서 늘 맛있는 음식을 먹을 수 있었다. 내가 엄마가 되고 아이를 키우며 어머니가 걸으신 길을 걷다 보니 그 시절의 어머니가 참 대단하다고 생각되었다. 그리고 어머니만큼 해내지 못하는 내가 너무 못났다고 느껴지기도 했다. 종종 그런 생각도 해본 적이 있다. 그때 내가 결혼하지 않아서 육아도 할 필요가 없었다면 사업에 더 집중할 수 있었을까? 그랬다면 지금과는 다른 결과를 낼 수 있었을까? 결과는 아무도 알 수 없지만, 지금의 내 삶과는 많이 달라졌으리라 생각이 든다.

지나간 세월을 후회하는 것은 아니지만, 홀몸이었다면 사업에 더 집중할 시간이 많았을 것 같다. 종종 비슷한 상황에 있는 동생들이 조언을 구할 때면 해주는 이야기가 있다. "인생에서 결혼도 가정을 꾸리는 것도 중요하니까 시기를 놓치면서까지 사업에 몰두하는 것보단 개인적인 인생도 챙기면서 사는 게 좋을 것 같아. 하지만 가족이 생기고 아이가 생기면서 사업을 병행하는 건 마음을 단단히 먹어야 하는 일이기도 해. 모든 걸 완벽하게 할 수는 없으니까 너무 자신을 몰아세우지는 말고. 생각해 보면 그동안 나는 자신을 너무 몰아세운 것 같아. 다 완벽하게 해내야 한다고. 그러다 보니 건강을 못 챙긴 것 같고. 너는 그러지 않았으면 좋겠어."

행운을
부르는
마법의 주문

'마음이 힘들 때 이를 이겨내기 위한 고 대표님만의 특별한 방법이 있나요?'라는 질문을 종종 받는다. 그럴 때 가장 빠르게 우울함이나 무기력함에서 빠져나오는 나만의 방법으로 '감사합니다'를 100번 되뇌는 것이라고 답한다. 어쩌면 '엥? 이게 무슨 말도 안 되는 소리야? 이렇게 힘든데 고작 그 정도로 운이 좋아진다고?'라는 생각이 들 수도 있겠다. 왜냐하면 나도 이 말을 처음 들었을 때 같은 생각이 들었으니까. 처음 몇 번은 이런다고 뭐가 달라지나 기계적으로 '감사합니다'를 되뇌는 내가 그저 바보처럼 느껴지던 날도 많았다. 그런데 이 말도 안 되어 보이는 방법이 어느 정도 익숙해지자 정말 내게 행운을 가져다주는 마법의 주문이 되었다.

내 인생에서 가장 힘들었던 때를 꼽아보자면 바로 코로나 시기였다. 뉴스에서 첫 확진자가 관련 뉴스가 나왔을 때만 해도 감염병 유행이 그리 오래 가지는 않을 거라고 생각했다. 이때는 오랜 시간 준비하였던 미국 직수출이 막 시작될 시점이라 기대에 부풀어 있을 때였다. 원단을 개발하기 위해 몇 달 동안 양주와 안산을 수없이 오가며 테스트를 거듭했다. 그리고 바이어로부터 첫 샘플 오더 컨펌을 받았다. 앞으로 꾸준하게 납품이 이어지면 연간 10억 정도를 바라볼 수 있는 물량이었다. 그간의 고생을 보상받는 느낌이랄까. 최종 컨펌 연락을 받았던 그날 아침에 혼자서 방방 뛰며 기뻐했던 기억이 있다. 만세! 드디어!

그런데 절망은 가장 고점에서 찾아온다고 했던가. 가장 희망에 차 있던 그 순간 모든 것이 물거품이 되었다. 코로나가 장기화되며 전부 멈춘 것이다. '몇 달만 버티면 되겠지.'라고 믿으며 기다리고 또 기다렸다. 첫 수출 납품이 미뤄지고 한 달, 두 달, 세 달… 기간이 늘어날수록 내 속은 바짝바짝 타들어 갔고, 그렇게 몇 달의 시간이 흐른 뒤 결국 원단 주문이 취소되었다. 그리고 원단 개발을 위해 투자한 개발 비용, 창고에 그대로 쌓인 원자재 대금만 고스란히 빚으로 남았다. 엎친 데 덮친 격으로 기존에 진행되었던 원단 주문도 줄줄이 취소되기 시작했고, 결국 판매되지 않는 원단을 계속 생산만 할 수 없어서 몇 달간 휴업을 결정하고 공장 문을 닫았다.

25년 만에 처음이었다. 1999년도에 공장을 지은 이후 단 한 번도 멈춘 적이 없던 공장이 내 대에서 멈춘 것이다. 원단 생산 공정상 기계가 가동을 멈추면 원단 품질에 문제가 생길 수 있으므로 365일 기계 가동을 원칙으로 한다. 특히나 비가 오거나 습한 날은 기계 부품 중 가장 큰 비용을 차지하는 바늘이 녹이 슬면서 수명이 짧아지기 때문에 기계를 정비하거나 진짜 긴급한 상황이 아니면 기계를 멈추지 않는다. 하지만 버티고 버티다 더는 창고에 원단을 쌓을 수 있는 공간이 없어지면서 모든 기계를 끄고 잠정 휴업을 할 수밖에 없었다. 아버지가 일생을 바쳐 일궈내신 사업을 내 손으로 다 망쳐버린 것만 같았다.

한 달 넘게 제대로 잠을 잘 수 없었다. 공장문을 닫아도 매달 들어가는 고정비용이 있었다. 물건을 팔지도 못하는데 돈을 어떻게 마련해야 할지 걱정만 한가득 쌓여갔다. 왜 뭔가 해보려고 하는 순간에 시련이 오는 걸까. 하늘 탓도 하고 자책도 하면서 뜬눈으로 밤을 지새웠다. 책으로 마음을 달래보고 싶었지만, 글이 눈에 들어오지도 않았다. 식사도 제대로 못 하고 잠도 제대로 못 자다가 결국엔 공황장애 증상까지 생겼다. 집 밖을 나서려고 문을 열면 갑자기 호흡이 가빠져서 밖으로 나갈 수가 없을 정도였다. 이 상황을 바꾸기 위해 할 수 있는 게 아무것도 없다는 사실이 너무나 고통스러웠다.

이렇게 폐인처럼 집에 처박혀 시간만 보내고 있을 때 전화가 한 통 걸려 왔다. "고 대표, 지금 뭐 하고 있어?" 늘 나의 안부를 챙겨 주시는 송파 엄마의 전화였다. "그냥 있어요…." 내가 별말을 하지 않아도 다 안다는 듯 얘기를 하셨다. "고 대표, 우리 바람 쐬러 갈까?" 탁 트인 바다를 보면 마음이 좀 풀릴까 싶어 어디 가고 싶냐는 물음에 "바다 보고 싶어요."라고 대답했다. 그렇게 무작정 강원도로 향했다. 그리고 차 안에서 나에게 이런저런 이야기를 해주셨다. "나도 젊을 때 사업 시작하고 큰돈도 벌어보고 그러다 한순간에 쫄딱 망해서 진짜 애들 기저귀 살 돈도 없어서 고생했던 때도 있었어. 그런데 봐봐. 지금은 아니잖아. 힘든 시기가 있지만 잘 이겨내면 분명히 다시 할 수 있어. 고 대표는 잘될 거니까 스스로 못 믿겠으면 나를 믿어. 내 말은 믿을 수 있지?"

항상 나 자신보다 더 나를 믿어주시는 송파 엄마 같은 분들이 주위에 많이 계셨다. 돌이켜보면 그것은 정말 큰 행운이었다. 마법의 주문을 알게 된 건 이때쯤이다. 불안한 마음을 잠재우기 위해 도대체 뭘 해야 하나 고민하고 있는데, "'감사합니다'를 100번씩 입 밖으로 소리 내서 말해 봐. 그러면 진짜로 감사한 일들이 생길 거야."라는 얘기를 들었다. 돈이 드는 것도 아니고 그냥 말하는 것만 하면 된다는데 못할 이유가 없었다. 게다가 나보다 운이 좋고 성공한 사업 선배님이 하신 이야기인데 실없는 농담은 아닐 거라고 생각했다.

그래서 그날부터 마음속에 불안한 감정이 올라오면 주문처럼 '감사합니다'를 말하기 시작했다. 주로 출퇴근길에 운전하면서 '감사합니다'를 주문처럼 외우고 다녔다. 그 당시 상황에서 감사한 마음이 우러나오지는 않았다. 내 인생은 도대체 왜 이렇게 꼬이기만 하는 거냐고 원망하며 하루하루를 보내고 있었으므로 감사할 것이 하나도 없었는데 '감사합니다'를 되뇌기란 쉽지 않았다. 그렇게 일주일, 보름, 그리고 한 달이 지났다. 어느 날 밤늦게 퇴근하는데, 문득 감사의 감정이 올라오는 것이 아닌가. 그동안 내게 일어났던 나쁜 일들만 눈에 보였다는 생각이 들면서, 그저 이렇게 숨 쉬고 살아 있음에 감사하다는 마음이 들었다. 너무 벅찬 나머지 잠시 차를 세워두고 눈물을 흘렸다.

그러면서 힘들고 곤란한 상황과는 상관없이 그저 건강하게 살아 있음에 감사할 수 있게 되었고, 작은 것 하나에도 감사한 마음이 절로 생기게 되었다. 그때부터 내 인생이 조금씩 긍정적인 방향으로 흘러가기 시작했다. 공장 문을 닫고 한 달이 좀 지나서 다행히 새로운 원단 거래처가 생겨서 공장을 다시 가동할 수 있게 되었다. 당장 내일 월급 줄 돈이 없어 고민하고 있었는데 기적처럼 그날 오전 거래처에서 선금이 들어와 월급을 줄 수 있었다. 우리가 실제로 걱정하는 일 가운데 80%는 실제로 벌어지지 않는다는 말이 있다. 왜 나는 그동안 걱정만 하며 살았던 걸까. 걱정한다고 달라지는 것은 아무것도 없는데 말이다.

몇 년 전 책 한 권을 추천받았다. 호오포노포노에 관한 책이었다. 고대부터 하와이 사람들에게 전해 내려오는 정화의 방법이라고 한다. 방법은 간단하다. '미안합니다. 용서해 주세요. 감사합니다. 사랑합니다.' 이 네 문장을 되뇌는 것. 그들은 '감사합니다'라는 말을 할 때마다 과거의 안 좋은 기억을 정화하고 우리의 삶에 필요한 좋은 것이 온다고 믿는다. 내가 힘들 때마다 되뇌었던 '감사합니다'가 나에게 긍정적인 삶의 흐름을 가져다준 것처럼, 지금 힘든 시기를 지나고 있는 사람들에게 이 마법의 주문을 알려주고 싶다. 삶은 결코 당신이 감당할 수 없는 상황을 주진 않는다. 오히려 당신의 성장을 돕기 위해 함께한다는 것을 기억하면 좋겠다.

제 3 장
파산, 그 이후

파산한
사람처럼
안 보이시는데요?

　　사람과의 관계에 치여 힘들 때면 하늘을 보며 아버지를 떠올렸다. 종종 아버지 산소를 찾아 투정을 부리기도 했다. '아빠는 왜 이렇게 빨리 가서 나한테 이런 고통을 안겨 주시는 거예요?' 당시에는 그저 이 괴로움을 아빠의 탓이라고 돌리고 싶었던 것 같다. 하지만 그렇게 투정을 부린다고 해서 달라지는 것은 없었다. 그저 외부 환경이나 남 탓을 하면서 내 탓이라고 생각하고 싶진 않았던 듯하다. 하지만 내 삶에서 일어나는 모든 일은 스스로 원했든 원하지 않았든 온전히 나의 책임이라는 걸 이제는 안다.

　　'왜 모든 일이 내 탓이지? 누군가가 나에게 피해를 끼쳤다면 그의 잘못이지, 그게 왜 나의 잘못이야?'라고 생각한 적도 많다. 하지만 지금 돌이켜 보니 그 모든 것들은 나의 책임이었다. 이를테면 사기꾼을 만나 원단 대금을 받지 못했다 치자. 그렇다면 그건 그 사기꾼을 미리 알아보지 못한 나의 잘못인 거다. 아버지가 돌아가신 후 거래처에서 우리 회사가 금방 문을 닫을 것이라 예상하고 미수금을 결제하지 않거나 오더를 주지 않았던 것도 경영 능력을 의심받았던 나의 탓이다. 회사가 어려워지고 결국 파산을 하게 된 것도 코로나라는 외부 환경 탓이 아니라 위기에 대처하는 역량 부족으로 일어난 일이다.

모든 것은 나의 책임이라는 생각을 하고 문제의 원인을 나 자신에게서 찾기 시작하자 그 전과는 다른 삶이 펼쳐졌다. 원인이 외부에 있다고 생각하면 내가 통제할 수 없으므로 할 수 있는 것이 없다고 생각하게 된다. 남 탓을 할 때는 문제가 생겼을 때 책임을 누군가에게 떠넘기고 외면하려 했다면, 모든 것이 내 책임이라는 생각을 하면서부터는 삶의 통제권이 나에게 넘어왔다. 감정적으로 괴로워하기보다 어떻게 해야 문제를 해결할 수 있을지, 다음에 같은 실수를 반복하지 않기 위해 지금 해야 하는 것은 무엇인지에 집중하기 시작했다. 그리고 그제야 내 삶에서 무슨 일이 발생하든 겸허하게 받아들일 수 있게 되었다.

지금 나의 삶은 과거의 선택으로 빚어진 결과물이다. 그 선택이 온전한 나의 선택이었든 등 떠밀려 하게 된 선택이었든 모두 나의 결정으로부터 비롯되었다. 예전엔 왜 나에게만 이런 일이 일어나냐고 억울해하기도 했지만, 이제는 인생에 아름다운 꽃길만 존재하지 않는다는 것을 안다. 고통스럽고 힘든 일이 일어나는 것은 당연하며, 그저 인내하는 여정이라는 것을 알고 난 뒤에는 마음이 편해졌다. 그리고 인생에는 다채롭고 즐거운 일들이 가득한 것처럼 느껴졌다. 파산하고 신용불량자가 되었다는 사실에 집착하면 마음이 괴롭고 힘들지만, 반대로 모든 게 경험이라고 생각하면 인생에 한 번도 겪기 힘든 파산을 법인 파산으로 인해 두 번이나 겪게 되었다고 넉살 좋게 웃어넘길 수 있는 것처럼.

그 과정에서 오랫동안 일구어냈던 가족의 자산은 모두 사라졌지만, 수십 년 거래했던 거래처 대금과 직원들의 급여를 모두 정산하고 마무리할 수 있었으므로 감사한 마음이 더 크다. 내 돈이 사라지면 스스로 경제적으로 궁핍하게 만들어 괴롭지만, 남에게 그런 피해를 입혔다면 마음이 불편하여 더 괴로웠을 것 같다. 만약에 아버지가 돌아가셨을 때 회사를 물려받지 않고 정리했다면 지금과 같은 과정을 겪지 않아도 되었을 것이다. 하지만 당시에는 아버지와 같았던 회사를 매각하고 정리하는 것은 쉽지 않은 결정이었다. 만약 회사를 매각했더라도 또 다른 후회를 했을지도 모른다. 만약 회사를 정리하지 않았으면 더 좋았을지도 모른다고 말이다. 일어나지 않은 일에 대해 후회하는 것만큼 바보 같은 짓도 없는 듯하다.

만나는 사람마다 "파산한 사람처럼 안 보여요." "어떻게 그렇게 멀쩡해 보일 수 있어요?"라고 이야기한다. 아마 내 인생에서 일어나는 모든 일의 내 선택에서 비롯된 것이다 보니 화를 내거나 억울하게 느낄 필요가 없다고 생각해서일지 모른다. 망한 후에 이사를 나오면서 아들이 내게 "우리 이제 거지야? 앞으로 어떻게 살아?"라고 물었을 때 "지금까지 먹고 싶다는 거 사달라는 거 못 사준 적이 없었지? 그러니까 앞으로도 그럴 거야."라고 태연하게 말할 수 있었던 것은 지금까지 그래온 것처럼 다시 할 수 있다는 믿음이 있어서였던 것 같다.

다시 일어서기 위해서 가장 중요한 것은 감정을 잘 다스리는 것이다. 자신의 감정 상태에 따라 자신감이 넘치는 하루가 되기도 하고 암울한 감정에 빠져 아무것도 할 수 없는 하루가 되기도 한다. 나라는 사람은 변하지 않았는데 감정에 따라 에너지가 천차만별로 달라지는 것이 참 아이러니하다. 과거를 붙잡고 일어나지 않은 일들을 상상하며 '만약 이랬다면 내 인생이 더 나았을 텐데'하고 후회하는 것은 아무런 도움이 되지 않는다. 내 삶의 모든 것은 내 책임이라고 인정할 때부터 삶이 조금씩 다른 방향으로 나아간다. 만약 삶이 맘대로 풀리지 않아 고민이라면 오늘부터라도 내 삶의 모든 것은 나의 책임이라고 말해 보면 어떨까.

위기가
가져다준 선물

파산 선고를 받고 법원에서 걸어 나오면서 마음이 참 씁쓸했다. 법인 파산과 개인 파산을 연달아 준비하느라 정신없을 땐 잘 인지하지 못했는데 막상 선고를 받고 나니 굉장히 허무해졌다. 그동안 살아온 인생이 부정당하고 모든 것이 덧없이 사라진 것 같았다. 집으로 돌아오는 길에 '괜찮다, 괜찮다' 하고 되뇌면서도, 미래에 대한 불안감이 점차 커져갔다. 나는 전혀 괜찮지 않았던 것이다.

망한 사업가이자 경력 단절 싱글맘이었던 내게 이제 파산이라는 단어까지 추가되었다. 끝이 보이지 않는 터널 속 같았다. 코로나 사태 이후 대표이사를 사임하고 쫓기듯 월세방으로 이사 온 그날부터 지금까지 몇 년 동안 새해가 밝을 때마다 주문처럼 '올해는 나아질 거야.'라고 되뇌었다. 하지만 나아지기는커녕 변함없는 현실이 원망스러웠다.

    대부분 그렇듯 나 역시 파산에 대한 준비는커녕 이렇게 될 거라고 상상해 본 적조차 없었다. 미래의 위기를 미리 알고 대비할 수 있는 사람이 얼마나 될까. 파산은 그만큼 생소하고 막막한 과정이기에 모든 과정이 너무나 힘들었다. 제대로 준비하고 진행하는 것인지 물어볼 만한 곳도 없었다. 시간이 흐르고 나서 되돌아보니 '아, 그때 이 방법보다는 저 방법이 더 나았을 텐데' 하는 일이 너무 많았다.

    따로 물어볼 곳이 없었기 때문에, 틈틈이 유튜브에서 파산 전문 변호사님들의 채널들을 둘러보며 앞으로 닥칠 일에 대해 찾아보는 것이 최선이었다. 생소한 단어를 익히고 파산 과정에서 조금씩 알아가면서 조금씩 안개 속을 걷듯이 한 단계 한 단계 거쳐 갈 때마다 조금씩 안정이 됐다. 그러다 문득 파산의 과정에서 배운 것들을 사람들과 나누면 좋겠다는 생각을 했다. 겪어야 할 일을 누군가가 미리 알려줬다면 좀 더 수월하게 파산 준비를 할 수 있었을 텐데 하는 생각으로 말이다.

    코로나 이후 파산하는 회사가 역대 최다라는 기사를 접하고, 앞으로 이런 일을 겪게 될 사람들이 더욱 많아질 거라는 사실에 마음이 아팠다. 실제로 내 주변에서도 사업이 어려워지면서 회생이나 파산을 준비하는 사람들이 나타나기 시작했다. 이에 먼저 겪어본 사람으로서 조금이나마 도움이 되어 주고 싶었다.

 파산의 전 과정이 다 끝나고 면책을 받기까지 꽤 오랜 시간이 걸린다. 그 시간 동안 할 수 있는 것은 없었다. 신용불량자 상태로는 취업도 쉽지 않았다. 파산 선고 후 얼마 뒤 병원에서 큰 종양이 생겼다는 진단을 받았다. 그렇게 시간은 흘러가는데 능동적으로 할 수 있는 일도 별로 없을뿐더러 몸도 아파서 일하기도 어려웠다. 하지만 의기소침해지기보다는 지금 할 수 있는 일이 있을지 찾아보기로 했다.

 먼저 생계를 위해 긴급생계지원을 알아봤다. 그리고 앞으로 어떻게 살아가야 할지 고민하기 시작했다. 나는 스스로를 잘 숨기거나 하는 성격이 아니다. 그리고 위축되거나 집 안에 틀어박혀 있는 성격도 아니다. 그래서 만나는 사람들에게 나의 파산과 실패에 대해 스스럼 없이 이야기를 꺼내기 시작했다. 단 한 명이라도 내 이야기로 위로나 도움이 될 수 있다면 그걸로 족하다고 생각했다.

 위기가 무조건 나쁘지만은 않은 이유는 기회가 함께 따라오기 때문이다. 그런 면에서 파산은 내게 인생의 큰 위기인 동시에 새로운 기회였다. 사업을 하는 동안은 늘 불안한 마음이 앞섰다. '만약 사업이 잘못되면 어떻게 하지? 그렇게 되면 내 인생은 어떻게 되는 걸까?' 하며 늘 살얼음판 위를 걷는 느낌이었다. 그런데 막상 사업에 실패하고 파산했지만, 당장 인생이 끝장난 것도 아니었다. 물론 죽을 만큼 고통스러웠지만, 그렇다고 해서 진짜 죽은 것도 아니었으니까.

원망스러웠던 파산의 경험도 이제는 나를 성장시키기 위해 삶이 보낸 선물이라는 생각이 든다. 아버지 덕분에 나름대로 큰 규모의 사업을 운영할 기회가 주어져서 어린 나이에 여러 가지 경험을 미리 할 수 있었고 다양한 실패의 경험을 할 수 있었던 것도 행운이었다. 한 살이라도 더 어릴 때, 회복할 수 있는 힘이 조금이라도 더 클 때 실패할 수 있어서 다행이었다. 실패로 인해 좌절하더라도, 그 순간 할 수 있는 일이 분명히 있다. 끝나기 전까지 끝난 것이 아니니, 힘들면 잠시 숨을 고르고 마음을 가다듬은 후 한 발짝만 더 내딛는 용기를 내 보기를.

어쩌다
1만 유튜버

　파산을 겪은 후 모든 것이 두렵기만 했다. 이제 내 삶은 어떻게 되는 거지? 다시 사업을 할 수 있을까? 거창한 사업 말고 아주 작은 것이라도 다시 시작할 수 있을까? 회사도 사라지고 재산도 모두 사라지고 나니, 자신감이 떨어지면서 나라는 사람이 보잘것없게 느껴졌다. 사업과 나를 동일시해 온 시간이 길었던 탓인지, 사업이 실패하면서 파산하고 나니 자신이 가치 없는 사람으로 느껴졌다.

　제조회사를 운영하면서 항상 나만의 브랜드를 꿈꾸곤 했다. 모든 섬유 제조업 사장님들의 최종적인 꿈은 납품만 하는 것이 아니라 자체 브랜드를 가지는 것이다. 그래서 의류 브랜드를 만들었지만 결국 망하면서 브랜드를 가지고 싶다는 꿈은 물거품이 되었다. 그러다 문득 이런 생각이 들었다. '그렇다면 내가 브랜드가 되자. 만약 다시 실패해서 회사가 사라진다고 해도 나라는 사람이 남아 있다면 브랜드 역시 남을 테니까.' 그래서 어떻게 하면 나를 브랜드로 만들 수 있을지 고민하다가 유튜브 채널을 시작하게 됐다.

유튜브의 시작은 쉽지 않았다. 크리에이터나 인플루언서라는 단어는 나와 거리가 매우 멀어 보였다. 특출나게 재밌거나 말재간이 좋은 편도 아니었고 특별히 매력이 있는 것도 아니라서 무슨 주제로 시작을 할까 고민하던 내게 지인들은 파산한 이야기를 하는 유튜브가 없으니 그걸로 시작해 보는 것은 어떻겠냐고 권했다. 하지만 파산 이야기를 영상으로 올리는 것은 큰 용기가 필요했다. 파산하고 부모님 사업을 말아먹은 주제에 뭐가 그리 당당하다고 나와서 영상을 올리냐는 소리도 들었다.

그럼에도 불구하고 나의 이야기를 올릴 수 있었던 건 먼저 파산을 겪으신 분이 나에게 준 위로의 말 때문이었다. "저도 그땐 두려웠지만, 파산해도 인생 끝나지 않아요. 괜찮아요."라는 말이 그 어떤 말보다 위로와 용기를 주었고, 경제적 상황이 어렵고 파산을 고민하는 사람들에게 내 이야기는 위로가 될 거라는 생각이 들었다.

그때부터 파산을 겪으며 알게 된 정보들과 파산 과정을 영상으로 올리며, 무기력한 나의 삶에서 작은 루틴을 만들었다. 종종 내 영상 덕분에 몰랐던 정보를 알게 되고 지원을 받을 수 있었다는 댓

글을 보면 뿌듯해졌다. 비록 실패한 신용불량자이지만 누군가에게 도움이 될 수 있다는 사실이 기뻤다. 그렇게 조금씩 용기를 내어 움직이기 시작하자 주변에서 도와주는 사람들이 하나둘 나타나기 시작했다.

어느 날 소소하게 꾸려나가던 유튜브 채널에 큰 변화의 계기가 생겼다. 어느 날 유튜브를 보다가 우연히 어떤 영상을 보았고, 왠지 모르게 '이 친구에게 연락을 해야겠어.'라는 생각이 강하게 들었다. 무슨 이유인지 모르겠지만 영상 속의 친구를 보며 29살 때의 내가 떠올랐고 도움이 되는 말을 해줄 수 있을 것만 같았다.

그렇게 유튜브를 통해 알게 된 연락처로 연락해서 만나게 되었다(실제로 이 친구의 나이가 당시 29살이었다). 나는 그 친구가 고민하고 있던 사업에 대해 이런저런 조언을 해주었다. 그러다가 이 친구가 예전부터 해보고 싶었던 영상 기획이 있었는데, 나의 일상과 이야기가 그 주제에 딱 맞아서 영상으로 촬영하고 싶다고 했다. 그 당시 나는 다른 유튜브 채널에 출연 제안을 하거나 인터뷰 영상을 촬영하기도 했으므로 가볍게 촬영에 응했다. 구독자가 8명인 채널이어서 큰 기대보다는 이 친구 채널에 구독자와 조회수가 조금이나마 늘었으면 하는 마음뿐이었다.

촬영을 하고 편집하는 데 꽤 오랜 시간이 걸렸다. 그리고 영상이 업로드되었는데 처음에는 별다른 반응이 없었다. 그러고 나서 3주 정도 지났을까? 갑자기 영상 조회수가 상승곡선을 타기 시작하였고, 순식간에 100만 조회수를 넘기면서 갑자기 기대하지 않았던 관심을 한꺼번에 받게 되었다. 셀 수 없는 댓글과 만나고 싶다는 연락이 빗발쳤고, 내 유튜브도 얼마 안 가서 구독자가 1만 명을 넘게 되었다. 파산 과정에서 뭐라도 하고 싶어서 시작했던 유튜브였는데, 생각보다 큰 관심을 받게 되니 얼떨떨하기도 했다. 그 과정에서 알게 된 것은 사람들이 나의 이야기를 관심 있게 보고 있다는 것과 내 이야기에 힘을 얻었다는 것이다. 별것 없는 인생이라고 생각했던 나의 이야기에 너무나 많은 사람이 응원해 주니 큰 힘이 되었다.

우연히 찍은 점 하나가 대단한 일의 시작점이 되기도 한다. 지난 시간 동안 나는 너무 목표지향적인 삶을 살려고 했는지도 모르겠다. 어떤 목표를 정해놓고 이루지 못하면 큰일이라도 날 것처럼 맹목적으로 살았던 적도 있었다. 그런데 우연한 기회에 시작된 일이 상상하지도 못한 결과로 이어지는 경험을 종종 한다. 그래서 지금은 구체적인 목표를 정해놓고 애쓰는 것보다는 다른 가능성도 있을 수 있다고 생각하며 약간 힘을 빼고 할 수 있는 것들을 하나씩 꾸준히 해나가려고 한다.

기적처럼
문이 열리는 순간이
올 거야

모든 것을 잃는 경험을 하면 그 순간엔 모두 놓아버리고 싶을 만큼 고통스러운 감정이 따라온다. 하지만 그 시간을 견뎌내고 변화를 위해 조금씩 움직여 준다면 곧 새로운 기회가 찾아온다.

파산 후 무기력함에서 벗어나기 위해 무엇이라도 하고 싶었고 그렇게 시작한 것이 유튜브였다. 영상을 만드는 것도, 편집을 하는 것도 모두 서툴렀다. 뭐 하나 쉬운 게 없었다. 그래도 새로운 일을 한다는 설렘과 부족한 편집 실력이 조금씩 늘고 있다는 뿌듯함이 무료한 하루하루를 견딜 수 있게 해주었다. 처음 유튜브를 시작할 당시의 목표는 연말까지 구독자를 1,000명 모으는 것이었다. 당시 이 숫자는 달성하기 쉽지 않은 목표였지만, 무작정 시작하는 것보다는 구체적인 목표를 정하는 것이 꾸준히 진행할 수 있는 힘을 주기에 나름대로 목표를 설정한 것이었다.

이런저런 시도를 하면서 구독자가 1,000명이 되었고 작은 성취에 즐거워하며 그다음 목표를 위해 계획을 하던 중, 히릿 채널의 형원 PD가 올려준 영상이 100만 조회수를 넘기며 얼떨결에 구독자가 1만 명이 되었다. 내가 올린 영상도 아니었지만 행운이 더해져 만들어진 구독자 숫자였기에 갑자기 받게 된 엄청난 관심이 부담스러웠고, 관심의 크기만큼 악플도 심하게 달렸다. 인신공격이 담긴 댓글에 힘든 순간도 있었지만, 반대로 내 이야기에 공감해 주고 격려해 주는 사람들이 더 많아서 감사했다.

주변에서는 좋은 기회가 왔으니 지금 흐름을 제대로 타지 않으면 유튜브를 성장시킬 수 없다고 재촉했지만, 정작 나는 무엇을 하고 싶은 것인지 방향을 잡기 어려웠다. 그래서 영상 업로드를 잠시 멈추고 구독자들을 한 명씩 만나기 시작했다. 구독자들을 만나다 보면 방향을 찾을 수 있지 않을까 하는 마음에서였다. 나를 도와주고 싶어 하는 사람들이나 나에게 도움을 요청하는 사람들과 만나며, 파산한 이후 가장 바쁜 나날을 보냈다. 함께 일해 보자는 제안을 받기도 하고, 투자를 해줄 테니 다시 사업을 해보라는 제안도 받았다. 인터뷰나 강연을 할 기회가 생기기도 했다.

가장 신기한 일은 '무엇이든 물어보살' 방송에 출연하게 된 것이다. 뉴스 인터뷰를 해봤던 경험은 있지만 공중파 방송에서 개인적인 이야기를 한 것은 처음이었기에 부담스러우면서도 한편으로는 '내가 언제 방송에 나가보겠어?'라는 생각에 즐겁게 촬영을 마쳤다. 방송 이후 오랫동안 연락이 닿지 않던 옛 친구들도 연락을 주었고 방송 잘 봤다며 응원해 주는 사람들도 생겼다. 어느 날은 카페에서 지인들과 이야기를 나누고 있었는데, "혹시 고 대표님 맞으세요?"라며 알아보는 구독자님도 만나게 되었다.

경험상 새로운 기회는 종종 사람을 통해 오곤 하는데, 그 유튜브 영상 덕분에 정말 다양한 사람들을 만날 수 있었다. 이전에는 새로운 기회를 찾기 위해 직접 돌아다니며 사람들을 만나왔다면, 유튜브를 시작한 후에는 동영상이 나를 대신하여 사람들을 찾아다니면서 짧은 시간 안에 많은 인연을 만날 기회를 만들어 주었다. 방향을 잡기 어려웠던 유튜브 채널을 도와주는 PD님들을 만나고 다양한 영상도 만들면서 즐거운 몇 달을 보낼 수 있었다. 그 과정에서 가계부를 출간하기도 했고, 이렇게 책을 쓸 기회도 생겼으며, 다양한 가능성을 열어둘 수 있는 만남이 이루어지기도 하였다.

시간이 지난 후에는 과거의 어떤 일이 시작이었는지 확연히 알 수 있지만, 당시에는 그것이 기회였는지 알아차리기 어려운 경우가 많다. 시간이 꽤 흐른 뒤에야 그것이 기회였고 그때의 선택이 지금의 결과를 가져왔구나 하는 깨달음을 얻게 된다. 우연히 유튜브를 보다가 연락을 하지 않았더라면, 형원 PD가 촬영을 하자고 제안했을 때 거절했다면 어떻게 되었을까? 대단한 결과를 가져오리라 믿고 시작한 것이 하나도 없더라도, 작은 점들이 모여 대단한 결과를 만들어 내기도 한다.

휘몰아치듯 정신없는 몇 달이 지난 후 예정되었던 수술을 하고 회복하며 다시금 찾아온 고요한 일상 속에서 앞으로 하고 싶은 일들을 적어 본다. 그동안 구상해 두었던 아이템으로 정부지원 사업도 신청하고, 선정된 사업의 발표 준비를 하고, 수술하고 회복하느라 쉬는 중에 글을 쓰며 다음을 준비하고 있다. 아마 이후에도 수많은 기회가 찾아올 것이다. 그것이 어떤 모습으로 찾아올지 아직은 알 수는 없지만, 앞으로 어떤 기회를 만나게 될지 마음이 설렌다.

지금 되는 일이 없다고 좌절하고 힘들다면 이 말을 기억했으면 좋겠다. 하나의 문이 닫히면 다른 문이 열린다는 말이 있다. 하나밖에 남지 않은 문이 닫히고 더는 빠져나갈 방법이 없다고 좌절할 때, 삶은 나에게 또 다른 기회의 문을 열어준다. 지금의 삶이 너무 막막하고 답이 보이지 않아서 힘들다면, '이제 곧 다른 문이 열릴 거야.'라고 되뇌어 보자. 그러면 기적처럼 새로운 문이 열리는 순간을 맞이하게 될 것이다. 내가 맛보았던 그 순간들을 꼭 마주하기를.

섭외 1순위
사업실패담 강사

파산 이야기를 들었을 때 사람들이 공통으로 궁금해하는 것이 있다. "망하면 진짜 주변 사람들이 다 떠나나요?" 망하는 것에 대한 불안감을 안고 살다가 실제로 이를 경험한 사람을 만나니 이런 질문을 하는 것 같다. 그 질문에 대한 대답은 '그렇다'이다. 주변 사람들이 떠나가는 걸 보고 있노라면 배신감에 고통스럽기도 했지만, 부정적인 감정에 집중하기보다는 오히려 잘 되었다고 생각하기로 했다. 떠나갈 사람들은 떠나가지만, 오히려 이때 힘이 되어 주는 진짜 친구들을 발견하기 때문이다. 잘되든 아니든 그저 내 모습을 있는 그대로 보면서 믿어주고 힘이 되어 주는 사람들을 제대로 마주할 수 있게 된다.

망하면서 겪는 것들이 몇 가지 있는데, 가장 서글픈 것은 돈이 없어서 궁상맞은 삶을 살게 되는 것이다. 100원, 200원에도 살까 말까 고민하게 되고, 친구와 약속이 잡히면 커피값조차 신경이 쓰이게 된다. 가끔 사람들과 만날 약속이 생기면 즐거움보다는 커피값도 제대로 낼 수 없는 지갑 사정이 나를 더 위축되게 한다. 어려운 사정을 알고 밥값이나 커피값을 부담해 주는 친구들도 많지만, 늘 그런 부담을 주기는 싫어서 만남이 꺼려지게 되고 그러다 보면 점점 고립되어 간다. 잘나갈 때는 나를 만나고자 하는 사람들이 많았지만, 망하고 나니 날 찾는 사람이 자연스레 줄어든다. 그러다 보면 위축되고 스스로에 대한 자책으로 점점 더 우울의 구렁텅이에 빠지면서 세상과 단절된다.

간혹 이러쿵저러쿵 훈수를 두는 사람들이 있는데, 지나간 일을 두고 말하기는 쉬운 법이다. 그런 사람들은 조언을 한답시고 왜 망했는지에 대해 이야기한다. 하지만 이미 벌어진 일을 보고 '내 그럴 줄 알았다.'라고 말하는 것은 누구나 할 수 있다. 이런 말들에 휘둘리지 않으려면 내면의 단단함이 필요하다. 그들은 내가 진짜 잘되기를 바라는 것이 아니라, 이때다 싶어 훈수를 둔다는 것을 기억하고 너무 상처받지 않는 것이 좋다.

왜 인생이 내게만 이렇게 가혹한 거냐고 화를 내다 보면 어느 순간 그 화는 나 자신을 향하게 된다. 남 탓을 하다가 내 탓으로 돌리게 되고, 나의 능력 부족을 탓하다가 더 깊은 우울감에 빠지게 된다. 우리나라는 실패에 관대하지 않다. 실패담보다는 성공담에 열광하고 실패한 사람들을 패배자 취급한다. 사업에 실패한 후 다시 사업을 하겠다고 했을 때, 사람들로부터 공장에 취직이라도 하지 아직도 정신을 덜 차렸다, 주제 파악을 못 한다, 정신 차려라 등등 별의별 소리를 다 들었다. 그러나 남들이 별생각 없이 툭툭 던지는 말에 상처받고 싶지 않았다. 그들도 자신의 생각을 말할 자유가 있고, 나 또한 그 말을 새겨듣지 않을 자유가 있으니 말이다.

혹시 지금 망했거나 실패했거나 심적으로 힘든 시간을 보내고 있다면, 남들이 별생각 없이 툭툭 던지는 말에 상처받지 말라고 이야기하고 싶다. 그들은 당시에 어떤 말을 했었는지조차 기억하지 못하는 경우가 더 많다. 그러니 그리 중요치도 않은 말들에 상처받을 필요는 없다. 실패를 단 한 번이라도 겪지 않고 성공만 한 사람은 아마 없을 것이다. 오히려 실패의 경험이 성장의 자양분이 되기도 한다.

남들의 훈수와 비난을 이겨내고 다시 용기를 가질 수 있게 되었던 계기가 있다. 어느 날 사업 실패 이야기를 해달라는 강의 요청이 왔다. 차마 거절하지 못해서 수락하였지만, 마음이 썩 내키지 않았다. 부끄러운 이야기가 무슨 자랑이라고 사람들 앞에서 이야기하려 했을까. 하지만 약속을 지키기 위해 그 자리에 섰다. 그런데 그날 신기한 경험을 했다. 스스로 위축되어 있을 때는 비난의 소리를 많이 들었지만, 오히려 당당히 나서서 이야기하니 사람들이 실패담이 아닌 성공담을 듣는 느낌이었다고 하며 용기를 내라고 격려해 주었다. 그 이후 사업 실패 강연 요청과 인터뷰가 꾸준히 들어왔고, 나는 섭외 1순위 사업실패담 강사가 되었다.

    실패에 관해 이야기하는 것은 쉽지 않다. 특히 실패에 관대하지 않은 우리나라 문화에서는 더욱 큰 용기가 필요하다. 하지만 최근에는 그런 인식이 조금씩 바뀌어 가는 것을 느낀다. 몇 달 전 뉴스에서 서로의 실패담을 나누는 전시회가 카이스트에서 있었다는 내용의 기사를 접하고, 인식의 변화가 생기는 것 같아 다행이라는 생각이 들었다. 나의 이야기와 영상에서 비난하는 목소리보다 힘내라는 응원의 목소리가 더 많은 것도 이러한 변화의 흐름이 아닐까. 만약 지금 실패했다면 이를 부끄러워하기보다는 성장을 위한 발돋움으로 삼으며 자신을 다독일 수 있기를 바란다.

'실패(失敗)'가 아니라 '실패(絲牌)'다

작년에 우연한 기회로 참여했던 노원구 정책 포럼에서 발표를 마치고 난 뒤 "고 대표가 한 건 '실패(失敗)가 아니라 실패(絲牌) 입니다."라고 말씀해주신 대표님이 계셨다. 그러면서 실패한 것처럼 보이지만 이대로 끝이 아니며, 그동안의 경험과 노하우가 실패에 실이 둘둘 감기듯 쌓이고 쌓여 성공으로 나아가는 중이라고 하셨다. 되뇔수록 참 멋진 말이라 한 번씩 머릿속으로 떠올리게 된다. 주제를 알고 실패를 받아들이고 조용히 있으라는 목소리만 듣다가 앞으로 성장 가능성이 있다고 응원해 주는 말을 들으니 참 감사했다.

만약 실패하게 된다면 주변에 있는 사람, 특히 당신과 가장 가까운 사람들이 안될 거라고 이제 그만 포기하라고 이야기할 것이다. 주변에서 부정적인 이야기들만 듣다 보면 어느새 나도 모르게 '어차피 노력해도 안 돼.'라는 생각이 들면서 패배주의에 휩싸이게 된다. 이때 조금만 더 자신을 믿고, 다른 사람들이 나를 정의하게 두지 말라고 얘기하고 싶다. 내가 끝내지 않으면 끝난 것이 아니다. 끝맺음을 정의하는 것은 남이 아닌 나 자신이어야 한다.

실패를 마주하게 되면 처한 환경과 상황 탓으로 돌리기 쉽다. 실패할 수밖에 없었던 구실을 밖에서 찾으면 죄책감이 줄어드는 느낌이 들기 때문이다. 나 또한 그런 유혹에 넘어가서 내 능력이 부족해서가 아니라 주변 상황 때문에 이렇게 된 것이라고 불평하고 싶었다. 하지만 외부 환경 탓을 한다고 해서 달라지는 것은 아무것도 없다. 내 책임이라고 인정한 후 있는 그대로 받아들일 때 변화하고자 하는 의지가 생긴다. 아무것도 하지 않으면서 더 나은 상황이 주어질 거라 믿고 기다리는 것만큼 바보 같은 것은 없다.

원하는 대로 일이 잘 풀리지 않거나 사업이 마음처럼 되지 않을 때는 실패를 딛고 일어선 사업가들의 책을 읽곤 했다. 어떤 점이 나와 달랐고 또 어떤 힘으로 다시 일어설 수 있었는지에 대한 그들의 비법이 너무나 궁금했다. 비슷한 처지를 경험한 사람들의 이야기를 읽으며 위로를 얻고 싶었던 것이었는지도 모른다. 도저히 앞이 보이지 않는 상황이었지만, 그럼에도 분명히 길은 있을 것이라는 믿음을 가지고 싶었다.

내가 다른 사람들의 이야기 속에서 위로받았듯이, 나도 다른 누군가에게 위로가 되어 주고 싶다. 나에게는 멘토이자 친언니같이 항상 챙겨주는 분이 계신데, 언젠가 함께한 식사 자리에서 내가 계산하려고 하자 극구 만류하면서 계산을 해주셨다. 나는 이렇게 말했다. "저는 항상 얻어먹기만 하고 받기만 하는데, 제가 한 번은 사게 해주세요." 그때 그분이 웃으시면서 이렇게 말했다. "고 대표가 나중에 그만한 힘이 생겨서 누군가를 도와줄 수 있을 때 그런 사람을 만나게 되면 도와줘. 그럼 내가 받은 걸로 생각할게." 그때부터 내가 받은 것을 사람들에게 나누어야겠다고 다짐하게 되었다.

아무것도 없는 지금 당장 할 수 있는 일이 무엇이 있을까 하고 고민했다. 그러다가 우연히 사업실패담을 사람들과 나눌 일이 생겼고, 그 이후부터 나의 이야기를 듣고 위로가 되고 되었다고, 힘을 얻는 사람들을 계속해서 만나게 되었다. 아마도 이런 응원들이 차곡차곡 쌓이면서 유튜브에 내 이야기를 할 용기가 생긴 것 같다. 그동안 난 무엇인가를 이뤄내야만 성공한 인생이라고 생각하며 살아왔던 것 같다. 하지만 그건 착각이었다. 성공보다는 실패에서 배울 수 있는 것이 더 많기에 그 과정을 사람들과 나눌 수 있다는 걸 깨닫게 해주기 위해 내 운명이 그렇게 험난했던 것은 아니었나 하는 생각도 든다.

　만약 인생이 힘겹게 느껴진다면 그건 당신이 올바른 길로 가고 있다는 뜻이다. 순탄한 삶은 배움을 주지 못하기 때문에. 삶에서 해결해야 하는 문제가 꾸준히 나타난다면 내 인생은 왜 이렇게 힘겹냐는 불평이 아니라 더 성장할 수 있는 기회가 주어졌다는 것에 감사하는 마음을 가지기를 바란다. 비록 지금은 마라톤을 완주할 수 없더라도, 그것은 운동화를 신고 밖으로 내딛는 한 걸음에서 시작된다. 실패해도 다시 할 수 있다는 용기와 마음의 위로가 필요할 때 내 이야기가 힘이 되었으면 좋겠다.

제 4 장
실패에서 얻은 삶의 원칙

죽을 것 같이
힘든 일은
결코 일어나지 않는다

사람들이 실패를 두려워하는 이유는 실패한 순간의 힘듦보다 다시 일어서지 못할지도 모른다는 막연한 두려움 때문일 것이다. 과거의 나 또한 그랬다. 공장을 운영하는 내내 '혹시라도 사업에 실패하거나 망하면 내 삶은 어떻게 되는 걸까?' 하는 생각에 전전긍긍했다. 잠들지 못하는 밤마다 쉽게 잠들지 못하고 「어느 날 400억 원의 빚을 진 남자」라는 책을 읽으며 위안을 삼았다. '적어도 내 빚이 400억은 아니잖아? 그리고 결국은 이 사람도 빚을 다 갚고 성공했잖아. 그러니까 나도 할 수 있을 거야. 너무 두려워하지 말자'라고 수없이 되뇌며 불안한 마음을 다독여야 겨우 잠을 청할 수 있었다.

사업을 하는 동안에는 불행한 미래가 걱정되어 잠도 못 이룰 정도로 고통스러웠는데, 막상 그렇게 두려워하던 불행을 직접 겪고 나니 죽을 것만큼 힘들지도 않았고 생각보다 견딜 만하다는 생각이 들었다. 아니, 그렇게 믿고 싶었던 것인지도 모르겠다. 연달아 큰 실패를 겪고 나서 시간이 좀 흐르자 걷잡을 수 없이 두려움과 좌절감이 몰려왔다. 아버지가 물려주신 기반을 가지고도 사업을 유지할 수 없었는데, 사업 기반과 자본 그리고 다른 것들까지 모두 다 잃은 지금 과연 다시 일어설 수는 있는 걸까 하는 걱정이 가득했다.

사람은 기본적으로 급격한 변화를 좋아하지 않는다. 순탄한 생활이 계속되면 삶이 지루하다고 투정을 부릴 순 있어도, 삶에 급격한 변화가 생기는 것을 반기는 사람은 없다. 최근 몇 년간 내 삶에는 너무나 극심한 변화들이 연이어 찾아왔다. 힘든 상황에서 조금 벗어났다 싶으면 또 다른 고난이 찾아왔고, 조금 뒤에 또 다른 위기가 찾아오면서 마치 롤러코스터를 타는 것 같았다. 좋지 않은 상황에서 벗어나려 노력할 때마다 또다시 고꾸라지는 경험을 연이어 하다 보니 점차 자신감이 사라지면서 지치기 시작했다. 그 와중에 자존심에 상처를 입히는 것이 있었는데, 사소하지만 큰 영향력을 가진 그것은 바로 돈이었다.

망하고 경제적으로 어려워지면서 내 곁을 떠난 사람도 있었고,

돈을 빌려달라고 할까 봐 미리 겁먹고 피하는 사람도 있었다. 계속해서 돈으로 인해 마음의 상처를 받다 보니 스스로 다른 사람과의 만남을 꺼리기도 하였다. 파산을 진행하면서 돈이 너무 없어서 남들에겐 별것 아닌 커피 한 잔 값 내는 것도 버거웠다. 사정을 아는 친구들과 지인들에게 얻어먹는 것도 한두 번이지 마음이 불편해서 매번 그럴 수 없었다.

이런 모든 상황이 나를 더 위축되게 만들고 자존심에 상처를 입혔다. 내 처지를 불쌍하게 여기는 사람들의 동정 어린 시선과 위로의 말도 듣고 싶지 않았다. 한때는 사업을 제법 크게 운영했는데 어쩌다 이 지경까지 온 걸까. 누구도 만나지 않고 집 안에 머물며 점점 고립되어 가던 어느 날 아들이 내게 해준 한마디에 정신이 번쩍 들었다. "엄마, 우리 이제 거지야? 거지가 되어서 생계비 지원을 받는 거야?" 그 때 아들에게 해주었던 대답이 스스로 잘못된 생각을 바로잡아 주었다. "아니야, 거지라서가 아니라 엄마가 경제적으로 상황이 어려워져서 잠시 도움을 받는 거야. 엄마가 다시 일어나서 돈을 벌 수 있을 때까지 도와주는 거지." 지금 잠시 어려워졌을 뿐인데, 뭘 해도 희망이 없다는 생각에 빠져 아무것도 하지 않았던 나 자신이 부끄러웠다.

자존감이 충만한 상태였다면 사람들을 만나는 데 거리낌이 없었을 텐데, 쓸데없이 자존심을 챙기고 있었던 것 같았다. 상황이 달라졌을 뿐 나라는 사람은 변하지 않고 그대로인데, 남들이 불쌍하게 볼까 봐 자존심을 챙기느라 사람들을 피했다는 생각이 들었다. 그렇게 생각을 바꾸고 주변을 둘러보니 정말 고마운 사람들이 많았다. 진정한 친구를 찾고 싶으면 바닥을 치고 있을 때 끝까지 남아 있는 사람들을 보면 된다고 했다. 망하고 파산까지 겪는 인생사가 고달팠지만, 반대로 끝까지 내 곁을 지켜주는 진정한 친구들을 얻게 되었다.

비록 지금은 돈이 없어 상대방에게 대접할 수 없지만, 상황이 나아지면 꼭 보답하기로 했다. 마음을 달리 먹고 밖으로 나와 사람들을 만나기 시작하면서 삶에 조금씩 변화가 생겼다. 다시 해보고자 하는 용기도 자연스럽게 생겼고, 돈으로 보답할 수 없으니 다른 것으로 세상에 보답하자는 생각이 젊은 사업가들을 대상으로 무료 상담을 해주자는 생각으로 이어졌다. 그것이 유튜브로 이어졌고, 그렇게 한 스텝씩 움직이다 보니 운이 트이면서 조금씩 파산의 굴레에서 벗어날 수 있었다.

바닥에 있을 때 제일 먼저 해야 하는 것은 쓸데없는 자존심을 버리고 자존감을 가지는 것이다. 두 단어는 비슷한 것처럼 보이지만 뜻은 너무나 다르다. 자존심을 버리기는 쉽지 않지만 거기서부터가 시작이다. 지금 실패의 순간이 찰나라는 것을 알고 나 자신을 믿을 수 있다면 오뚜기처럼 다시 일어설 수 있다. 지금 당장은 실패의 늪에서 빠져나올 수 없을 것으로 생각되어도, 나를 믿는 힘만 있다면 그 어떤 상황에서도 다시 시작하는 첫걸음을 뗄 수 있다. 그 어떤 상황이더라도 자존감을 잘 챙겨서 다시 일어서길 간절히 바란다.

운칠기삼

　　유튜브 촬영은 별도의 대본이 없이 진행된다. 촬영할 때 PD님들이 궁금한 부분을 질문하면 평소에 생각하던 것을 토대로 즉흥적으로 대답하곤 한다. 그중 한 영상에서 내가 '운칠기삼'을 이야기했다가 엄청난 악성 댓글 세례에 시달린 적이 있다. 사업에 운이 필요하다는 말에 후계자를 잘못 키웠다고 하며 고인이신 아버지를 모욕하는 심한 말까지 들으면서, 왜 사람들이 이렇게까지 거칠게 반응하는지 이해할 수 없었다. 사업은 운칠기삼이라는 말은 알고 있던 대표님께 들었던 말이다. 나의 노력은 3할이고 나머지 7할은 운이라서, 열심히 하는 것만으로는 되지 않는 것이 사업이라고.

　　사업이 운빨이라는 말로 들리니 사람들이 거칠게 반응하지 않았나 싶다. 운칠기삼이라는 말의 핵심은 할 수 있는 모든 것을 완벽하게 다 했는데도 불구하고 순전히 운이 나빠서 사업이 망했다고 변명하는 것이 아니다. '진인사대천명', 즉 할 수 있는 일을 다 한 뒤에 하늘의 뜻에 맡기고 결과를 기다린다는 뜻이다. 사업은 인생과 같아서 온전히 사람의 힘으로 이루어지는 것이 아니기에 운칠기삼이라는 말로 에둘러 표현했다. 성공은 온전히 사람의 능력으로만 이루어지는 것이 아님을 알고 겸손해하고, 온 힘을 다해 노력했더라도 하늘의 뜻에 따라 원하는 결과가 나오지 않을 수 있으니 너무 상심하지 말라는 뜻이다.

최근에 본 토스 창업자 이승건 대표의 강의 영상에서 사업은 95% 이상이 운이라고 말하는 것을 들었다. 그에 비하면 운칠기삼은 애교 수준이다. 과연 나를 공격했던 악플러들이 그에게도 똑같은 말을 할 수 있을까 하는 생각이 든다. 같은 말을 하는 데도 실패한 내가 말하면 착각이고, 대단한 성공을 한 그가 하면 진리로 받아들인다. 하지만 그도 한 번에 성공한 것은 아니다. 수많은 실패를 딛고 토스가 성공하면서 성공 신화의 주인공이 되었다. 왜 성공한 사업가들이 사업은 운이라고 말하는지 한 번쯤 진지하게 생각해 보았으면 한다.

만약 사업이 이론만 배워서 가능하다면 재벌이 아니라 경영학과 교수님들이 가장 부자여야 한다는 생각을 해본 적이 있을지도 모른다. 사업 관련 지식을 익혀서 그대로 따라 하는 것만으로 성공할 수 있다면 그래야 한다. 그러나 실제로는 그렇지 않다.

나는 노력만으로 성공할 수 있다고 말하지 않는다. 그 말이 얼마나 오만한 말인지 알기 때문이다. 사업은 인생과 같아서 지식만으로 다 되는 것이 아니다. 예를 들어 파산 위기에서 어떻게 극복해 내야 하는지, 경영 위기가 닥쳤을 때 어떻게 헤쳐 나가야 하는지와 같은 지식은 경영학 서적에서 알려주지 않는다. 배움으로 얻을 수 있는 것은 응용할 수 있는 '지식'이지만, 실제 사업에서 필요한 것은 꾸준한 실전 경험을 통해 쌓은 '지혜'이다.

다만 주의해야 할 것은 운이 95%를 좌우한다고 해서 운만 바라고 아무것도 하지 않는다면 성공을 얻을 수 없다는 것이다. '어차피 운이 전부라면 굳이 노력할 필요 없는 거잖아? 노력해 봤자 안 된다는데.' 이런 마음가짐으로는 절대로 성공을 얻을 수 없다. 마치 포도나무 밑에 누워서 입만 벌리고 있는 여우처럼, 아무것도 하지 않더라도 언젠가는 포도가 입안으로 들어오겠지 하는 마음가짐과 같다. 운칠기삼은 사람의 노력과 하늘의 운이 서로 딱 맞물렸을 때 비로소 원하는 결과를 얻을 수 있다는 것이다. 단 한 번의 시도로 원하는 결과를 얻을 수는 없다. 노력한 만큼의 결과가 바로 나오지 않기 때문이다. 비록 실패할지라도 때가 오면 결과를 얻을 수 있을 거라 믿고 계속해서 페달을 밟는 것, 이것이 내가 생각하는 성공의 법칙이다.

좋은 운을
만드는
나만의 비법

누군가가 나의 인생 이야기를 듣는다면 '저 사람은 굉장히 운이 없는 사람이네.'라고 말할 수도 있다. 가난한 집의 장녀로 태어났지만 자수성가한 부모님 덕에 사업을 물려받았는데, 얼마 뒤 이혼하고 사업은 실패하며 그 과정에서 가진 걸 다 잃고 결국 파산까지 하게 되었는데 건강에 이상이 생겨서 수술까지 하다니. 이 이야기만 놓고 보면 나는 정말 운이 없는 사람처럼 보인다. 하지만 난 운이 나쁘다는 생각을 한 적이 거의 없다. 오히려 다른 사람들에 비해서 좋은 운을 타고났다고 생각하며 살고 있다.

혹시 이런 말을 들어 본 적이 있는가? 운은 주어지는 것이 아니라 만드는 것이라고. 태어날 때부터 운이 좋은 사람과 나쁜 사람이 정해져 있다면 너무나 억울하겠지만 내 경험에 의하면 운은 노력해서 얻을 수 있는 것에 가깝다. 삶에서 터득한 좋은 운을 만드는 나만의 비법이 하나 있는데, 독자들을 위해 그 비밀을 살짝 공개하겠다. 그것은 바로 매사에 감사하는 마음을 가지는 것이다. "에이, 장난치지 말고 진짜 비법을 알려주세요."라고 할 만한 이야기지만, 이 뻔한 대답이 행운을 불러오는 나만의 비밀이다.

인생을 살다 보면 항상 좋은 일만 생기지는 않는다. 다른 사람에게 마음의 상처를 받기도 하고, 사업이나 투자에 실패하여 경제적으로 문제가 생기기도 하며, 병이 생겨서 건강이 나빠지기도 한다. 이런 상황을 마주할 때 신세 한탄만 하며 불평불만으로 시간을 흘려보낼 수도 있고, 반대로 힘든 삶 속에서도 감사한 것들을 찾으려고 노력할 수도 있다. 나도 처음부터 모든 일에 감사하는 마음을 가졌던 것은 아니다. 그 전엔 이 비밀을 몰랐기에 나쁜 일들이 연이어 찾아왔는지도 모른다고 생각한다.

최근 사람들이 내게 하는 말이 있다. "고 대표님은 인복을 진짜 타고나신 것 같아요!" 하지만 지금까지 사업을 해오면서 나만큼 인복이 없는 사람이 없었다. 상대방을 배려하고 마음 써주면 좋은 일이 생길 거라 믿고 사람들을 대했지만, 늘 뒤통수를 맞기 일수였다. 직원이 회사에 큰 손해를 끼치거나, 거래처로 만나게 된 인연이 알고 보니 사기꾼인 경우도 많았다. 그렇게 안 좋은 인연들을 많이 만나면서 왜 나는 이렇게도 인복이 없는 걸까 하고 한탄하던 시간이 많았다. 그 당시에 몰랐던 것은 아무리 좋은 마음을 나누고 싶더라도 아무에게나 그러면 안 된다는 것이었다.

내가 어떤 사람인지 알고 싶으면 가장 가까운 다섯 명을 보면 된다는 말이 있다. 내가 만나는 사람이 나의 인생을 결정하니 아무나 만나지 말고 헤프게 인연을 맺지 말라는 뜻이다. 아무하고나 연을 맺을 것이 아니라 내 마음을 알아주고 함께 나눌 수 있는 상대를 알아보는 눈을 키우고 그들과 인연을 맺어야 하는데, 과거에는 그것을 몰랐었다. 오늘 누구와 함께하느냐가 오늘 하루를 결정하고, 그렇게 쌓인 인연들이 일 년을, 그리고 인생을 완성시키니 매우 신중히 사람을 만나야 한다. 비록 조금 늦었지만 지금이라도 '호구'에서 벗어날 수 있게 되어 다행이라고 생각된다.

인연이 중요한 또 다른 이유는 운이 사람을 통해서 오기 때문이다. 그리고 무인도에서 사는 것이 아닌 이상 사람들을 만날 기회는 무수히 많다. 그렇기에 '운은 누구에게나 있다.'라고 말하는 것이다. 지나온 길을 되돌아보면 누군가는 불행이라고 느낄 만큼 힘든 일도 많았지만, 불행을 행운으로 바꿔준 인연도 많이 만날 수 있었다. 가장 어렵고 힘들었던 시기에 안부를 물으며 지탱할 수 있는 버팀목이 되어 준 공구 언니와 송파 엄마 그리고 수많은 사람들. 이분들 덕분에 나는 삶에 감사하는 방법 또한 배울 수 있었다.

    힘든 시기에 우연한 계기로 만나게 된 인연이 많다. 그리고 지금까지 좋은 관계를 이어오는 소중한 사람들도 많이 생겼다. 아버지가 돌아가시고 얼마 되지 않아 도서관에서 보게 된 책의 저자님을 통해 새로운 사업의 기회를 만나기도 했다. 사업 성장 방법을 배우러 다니다가 만나게 된 김승호 회장님은 나를 사장학개론 강의로 이끌었고, 거기서 공구 언니와 송파 엄마를 만날 수 있었다. 상속 포기를 하고 힘든 시기 와인워크 윤집사가 내게 사업컨설팅업의 길을 열어주었고, 그것을 계기로 유튜브를 시작할 수 있었다. 경제적으로 파산하고 어머니 건강까지 악화되어 심각한 상황에 주저앉아 있을 때, 생각지도 못한 곳에서 귀인을 만나 큰 도움을 받았다. 유튜브 영상이 우연히 떡상한 후에는 많은 연락을 받았고, 이렇게 책을 쓸 기회도 얻게 되었다.

    힘들고 방황할 때마다 역설적으로 좋은 운이 찾아오곤 했다. 그리고 지금 가고자 하는 길을 제대로 가고 있다면 운은 알아서 따라온다는 느낌을 받았다. 아마도 사업에서 어려움을 겪지 않았다면 지금까지와 똑같이 행동하였을 것이고, 그랬다면 지금처럼 좋은 기회와 좋은 인연들도 만나지 못했을 것이다. 그것을 잘 알기에 매사에 진심으로 감사할 수 있었다. 좋은 일이 생길 때는 좋은 일이 생겨서 너무나 감사했고, 나쁜 일이 생길 때는 그것을 통해 또 다른 운이나 사람을 만나게 될 수 있을 거라 기대할 수 있어서 감사했다.

　우리 집 앞 아파트 단지에는 오래된 로또명당이 있다. 내가 우리 아들만 할 때부터 있던 곳이니 이제 20년도 더 넘었을 것이다. 매일 집 밖으로 나설 때마다 그 복권방 앞에 로또를 사려는 줄이 끊이지 않고 서 있는 것을 보면 항상 신기했다. 로또를 통한 행운보다 훨씬 더 확실하고 간단한 방법이 있는데 안타까운 마음도 들었다. 항상 삶에 감사하고 좋은 인연들에 감사하다 보면 정말 큰 행운이 오는 것을 수없이 느꼈다. 이 글에서 소개해 드린 좋은 운을 만드는 비법을 오늘부터라도 꼭 한번 사용해 보기를.

선의는 언제나 전략보다 강하다

    존경하는 기업가 중 한 분인 이나모리 가즈오 회장님의 명언 중 다음과 같은 구절이 있다. '좋은 마음은 반드시 좋은 마음으로 화답 받는다.' 과거 공장을 운영하던 시절에는 잘 와닿지 않는 말이었다. 내가 아무리 좋은 마음을 가지고 상대방을 배려해도 사기를 당하거나 나쁜 결과를 마주할 뿐이고, 선한 마음으로 화답을 받는다는 느낌은 받지 못했기 때문이다. 시간이 꽤 흘러서야 이 말이 어떤 뜻인지 깨닫게 되었는데, 그 과정에서 좋은 마음과 우유부단하고 약한 마음은 서로 다르다는 걸 알았다. 그리고 좋은 마음은 즉시 보답받을 수도 있고 시간이 지나서 다른 이를 통해서 화답을 받을 수도 있다는 걸 알게 되었다.

    가끔 실패를 줄이기 위해 완벽하게 준비하여 사업을 시작하고 싶은데 어떻게 해야 하는지 물어보시는 분들이 있다. 사실 사업이 아니라 어떤 일이든 완벽한 준비라는 것은 있을 수 없다. 아무리 완벽한 전략을 짜고 실행에 옮긴다고 하더라도 인생에서 예측하지 못하는 일이 생기는 것처럼 변수가 발생하므로 완벽한 결과를 얻을 수는 없다. 높은 산에 등반하기 위해 매일 연습을 하고 준비물을 철저하게 챙기는 등 만반의 준비를 하더라도, 산을 오르기로 한 당일에 폭풍우가 몰아친다면 단 한 걸음도 산에 오를 수 없듯이 말이다.

법인 파산을 하고 회사를 정리하는 과정에서 가장 중요하게 생각한 부분은 나의 안위나 돈이 아니라, 직원들의 월급이나 퇴직금을 제대로 주고 거래처에 금전적인 피해를 주지 않는 것이었다. 자산이 빚보다 더 많은 상황에서 법인 파산을 하겠다고 마음먹은 것도 쉽게 결정한 것이 아니었다. 나의 이익을 위해 조금이라도 더 챙기겠다는 마음이었다면 할 수 없는 결정이었다. 그리고 이것은 주변에 피해를 주지 않고자 하는 어머니의 강한 의지이기도 했다.

사업은 인생과도 같아서 수차례 격동을 겪은 뒤에야 훌륭한 성과를 얻을 수 있다고 한다. 그러한 격동을 잘 극복해 내고 큰 성과를 얻으면 제일 좋겠지만, 이를 견뎌내지 못하고 사업을 접는 일도 생길 수 있을 것이다. 아버지께 배웠던 것 중 첫 번째는 사업에 있어서 가장 중요한 것은 돈이 아닌 신용이라는 것이었다. 그러다 보니 사기를 당하고 손해를 보는 상황에서도 나로 인해 피해를 보는 사람이 없는지 확인하곤 했다. 회사를 폐업하면 시간이 걸리더라도 추슬러서 새로 창업하면 되지만, 신용을 잃는 순간 사업 기반을 아예 잃을 수 있기 때문이다.

파산하고 돈을 잃어도 신용을 잃지만 않는다면 다시 기회가 올 것으로 생각했다. 그렇게 생각했기에 파산 과정에서 사라지는 큰 돈에 대한 욕심을 조금이나마 내려놓을 수 있었다. 다행히 직원들의 월급과 퇴직금을 다 정산하고 남은 거래처 대금을 모두 정리할 수 있었고, 가장 많은 대출을 해준 주거래 은행도 공장을 담보로 가지고 있었기에 공장이 팔리면서 대출 원금을 갚을 수 있게 되었다. 정리하는 과정에서 늘어난 비용과 세금으로 인해 은행에 남은 빚을 전부 변제할 수는 없었지만, 꽤 많은 금액을 갚을 수 있었다. 그리고 오랫동안 거래해 온 거래처에는 외상 대금을 완납하고 사업을 마무리할 수 있어서 마음이 편했다.

만약 전략적으로 파산을 한다면 이와는 반대로 행동해야 하는 것이 맞다. 자산이 빚보다 더 많은 상태에서 파산을 선택하지도 않을뿐더러, 은행의 신용도가 중요하기 때문에 법인 파산을 하는 사람 중에는 월급이나 거래처 대금과 같은 개인 간 금전 거래는 뒤로 미루고 은행의 대출을 최우선적으로 갚는 경우가 많다고 들었다. 은행 채권이 없는 상태에서 파산하면 은행의 신용도에 문제가 생기지 않기 때문에 파산이 끝난 이후에도 대출을 받는 데 문제가 없다. 다만 직원들이나 거래처처럼 개인적으로 받을 돈이 남아 있는 사람들은 금전적인 피해를 볼 확률이 높아진다.

사업을 하는 동안 거래처에 사기를 치고 잠적하거나 파산을 하고 돈을 갚지 않는 사람이 종종 있었다. 심지어 나의 채권을 파산 목록에 넣지 않고 아예 변제하지 않는 경우도 있었지만, 그걸 법적으로 문제 삼아 그 사람을 괴롭힐 생각은 하지 않았다. 바보 같다고 말할지 몰라도 모든 일은 인과응보를 일에는 따르는 법이고, 나를 통하지 않더라도 언젠가는 벌을 받게 된다는 믿음이 있다. 그리고 내가 법인 파산을 하면서 그런 이들과 똑같은 사람이 되고 싶지는 않았다. 이렇게 어려운 시기에 소상공인에게 외상 대금을 받지 못한다는 것이 어떤 의미인지 알기에, 금전적인 부분을 다 정리하고 마무리하면서 마음의 짐을 조금이나마 덜 수 있었다.

매몰 비용은 빠르게 인정하고 털어버린 후 어떻게 다시 시작할 것인지 고민하는 방향으로 빠르게 전환하는 것이 삶에 훨씬 더 도움이 된다. 나의 경우 파산 이후의 삶에 대해 그 어떤 전략도 세우지 못했지만, 그럭저럭 좋은 방향으로 잘 굴러가고 있다. 아마 법인 파산 과정에서 거래처나 지인들에게 금전적인 피해를 주었다면 이를 주제로 유튜브를 할 생각은 아예 하지 못했을 테고, 스스로 떳떳하지 못했다면 새로운 일을 하는 데도 주저했을 것이다.

나에 대해 알고 있는 사람들은 어려운 상황을 이해하고 새로운 일을 제안하거나 일자리를 소개해 주었고, 그 과정에서 또 다른 기회가 생기기도 하고 새로운 인연과 연결되며 새로운 일이 시작되기도 하였다. 그런 과정을 거치고 나니 전략은 중요하지 않으며, 선의는 언제나 전략보다 강하다는 것을 깨닫게 되었다.

진심으로 베풀더라도 늘 즉각적인 보상이 돌아오는 것은 아니며, 가끔은 정반대의 결과로 돌아오기도 한다. 그러나 시간이 흐르고 돌이켜 보면 진심이 담긴 태도와 행동은 반드시 좋은 열매를 맺어 나에게 돌아온다. 그러니 선의와 전략 가운데 하나를 선택해야 하는 순간이 온다면 주저 없이 선의를 선택할 수 있기를 바란다. 좋은 마음은 반드시 좋은 결과를 가져다줄 것이기에. 바보 같아 보일지 몰라도 그 마음은 반드시 좋은 기회로 돌아올 것이다.

실수는
용기를
연습할 기회

나는 어려서부터 실수를 무척 두려워했다. 늘 인정받고 싶었고 부모님께 자랑스러운 자식이 되고 싶었다. 하지만 성인이 되고 보니 어렸을 때 마음껏 실수할 기회를 놓친 것이 무척 아쉽다. 어릴 때 하는 실수나 실패라고 해봐야 지금의 실패보다 훨씬 작은 것들이었을 테고 문제가 생기더라도 얼마든지 해결 가능한 것들이었을 텐데 말이다. 내 몸 하나만 건사하면 되는 그때 실컷 실수하고 배움을 얻었어야 하는데, 지금은 나의 영향을 받는 가족과 사람들이 생겨서 부담이 크다.

처음 자전거를 타던 날, 나는 수없이 많이 넘어졌다. 양쪽 무릎에 시퍼런 멍이 몇 번씩 든 후에야 겨우 자전거를 탈 수 있게 되었다. 이렇게 반복해서 연습을 해야 실력이 향상된다는 것을 알면서도 어릴 때는 왜 그리 실수가 두려웠을까. 열심히 공부하면 모르는 것이 나올 테고 실력이 드러날까 봐 적당히 공부 잘한다는 소리를 들을 정도로만 공부를 했다. 피아노를 배우다가 음악적 재능이 없다는 사실을 깨닫고 곧바로 그만두었고, 운동을 배우다가도 뛰어난 친구들을 보거나 스스로 더 이상 재능이 없다고 판단하면 바로 그만두었다. 한두 번 시도해서는 결과를 알 수도 없는데 끝까지 매달려 해내고자 하는 용기가 없었다.

처음 가지게 된 자전거는 보조 바퀴가 달린 네발자전거였다. 그리고 두발자전거를 탔을 때는 넘어질세라 뒤에서 자전거를 잡고 함께 뛰는 어머니가 계셨다. 그 당시에는 항상 내 뒤를 든든하게 지켜주시는 부모님이 계신다는 것을 깨닫지 못했다. 항상 내 뒤를 지켜주고 계셨는데도 말이다.

대학을 졸업하고 처음 회사에 입사했을 때였다. 캐나다에서 한국으로 돌아온 지 얼마 되지 않아 한국 생활에 적응하지도 못한 채로 회사 생활을 시작하게 되어 많은 것이 서툴렀다. 혼도 많이 났는데 그때 사수가 해준 이야기가 있다. "신입사원일 때는 모르는 게 당연하니까 이것저것 실수해도 이해할 수 있어. 그런데 1년이 지나서까지 실수하면 그건 실수가 아니야. 그러니까 모르는 것이 있으면 지금 다 물어봐." 모른다는 것을 이해받을 수 있는 시기에 더 많이 혼나고 실수해야 한다. 그 과정에서 꾸중을 듣고 혼이 나면 자존감이 떨어지기도 하고 마음이 힘들기도 하니 쉽지는 않다. 하지만 직접 부딪혀 봐야 내 능력이 어느 정도이고 얼마나 더 성장할 수 있는지 알 수 있다. 편하고 쉬운 것만 해서는 절대로 배울 수 없다.

실수를 잘못으로 여기지 말고 오히려 용기를 연습할 기회로 봐야 한다. 나의 잘못과 실수를 인정하는 것도 용기가 필요하다. 실수에 위축되어 자책할 것이 아니라 오히려 새로운 것을 시도했기에 실수했음을 인지하고 자신의 용기를 칭찬해야 한다. 실수하고 배우는 과정에서만 내가 어떤 것에 재능이 있고 남들보다 잘할 수 있는지 제대로 알 수 있다. 실수를 두려워하거나 부끄러워할 것이 아니라 연습하는 계기로 삼아야 한다는 것을 나이 30이 넘어서야 깨달았다.

우연히 맡은 일을 잘 해내거나 사람들에게 인정받고 성취감을 느끼면서 그 분야에 흥미가 생겨 뒤늦게 새로운 재능을 발견하는 경우가 있다. 결과에 집착하면 잘하는 것만 시도하게 되는데, 과정을 더 중요시하면 새로운 것을 도전하고 배우는 데 주저함이 사라진다. 실수하는 자신에게 조금 더 관대해질 필요가 있다. 실수는 할 수 있다. 그러니 자신을 믿고 할 수 있다고 스스로 용기를 주면 좋겠다.

휘둘리지
않는 삶

한국의 문화가 그런 것인지 우리는 유독 다른 사람의 평가에 예민하다. 내 생각보다는 다른 사람들이 나를 어떻게 바라보고 어떻게 생각하는지에 더욱 신경 쓴다. 나 또한 주변 눈치를 많이 보고 사람들의 시선에 신경을 쓰는 아이였다. 그러다가 중학교를 마치고 캐나다로 유학을 떠나 개인주의적인 문화를 가진 나라에서 살다 보니 남들의 기준보다는 내 의견을 더욱 중시하게 되었다.

한국에서는 다른 길을 가고자 하면 모두가 한마디씩 한다. 정석 코스대로 가지 않고 샛길로 가는 사람들을 낙오자 취급을 하기도 한다. 좋은 성적을 받고 명문대를 졸업하여 대기업에 취업하는 것이 목표인 사회에서 그러한 기준에 따라 살지 못하면 실패한 삶이라고 단정 짓는다. 이런 사회에서는 남들과 다른 삶을 살아가기가 쉽지 않다. 만약 스티브 잡스가 한국에서 태어났다면 애플은 탄생하지 않았을 것이라는 말을 들어보았을 것이다. 다른 사람의 시선을 신경 쓰고 의견에 휘둘렸다면 애플이라는 혁신적인 발명품은 탄생하지 못했을 것이다.

나는 사람들이 말하는 성공과는 거리가 먼 삶을 살아왔다. 상속 포기를 하고 빈털터리가 되어 회사를 나올 때 내 인생은 끝났다고 생각했다. 다들 내게 그 길은 아니라고 하며, 실패한 낙오자이고 다시 일어서지 못할 거라고 했다. 만약 나만의 판단 기준이 없었다면 더 좌절하고 위기 상황에서 벗어나기 위해 노력할 생각조차 못했을 것이다.

처음 해보는 사업컨설팅을 시작하고 유튜브를 처음 시작할 때도 사람들은 모두 그 길이 아니라고 했다. 그리고 파산의 경험을 유튜브로 나누기 시작할 때는 더 극렬한 반응을 마주했다. 아마 남들과 다른 선택을 할 용기가 없었다면 지금의 모습은 많이 달랐을 것이다. 가끔 어려운 상황에서도 어떻게 그런 에너지로 새로운 것을 시도하고 유튜브도 시작할 수 있었는지 질문을 받는 경우가 있다. 이는 하고자 하는 바를 정하면 주변의 반대는 신경 쓰지 않는 성격 때문이다.

파산한 후 유튜브를 시작할 때 유튜브 전문가라는 사람조차 하지 말라고 말렸다. 하지만 난 전문가라는 사람의 말보다 내 직감을 더 믿었다. 그리고 만약 그 전문가라는 사람의 말을 믿었다면 지금과 같은 기회들을 얻지 못했을 것이다. 사람마다 경험이 다르고 능력이 다르다. 게다가 우리는 모두 다른 시공간을 살아간다. 아무리 과거에 성공한 경험이 있더라도 시간이 지난 후에는 똑같은 방식으로 성공할 수 있을 거라고 보장할 수는 없다. 우리가 처한 상황은 계속 바뀌기 때문이다. 아무리 서로 비슷한 경험을 했더라도 똑같은 길을 걷지는 않았으므로, 더 나은 선택을 할 수 있다고 단정할 수는 없다. 이러한 사실을 알고 있다면 다른 사람들의 의견에 휘둘리지 않고 나만의 선택과 결정을 할 수 있다.

유튜브 영상 조회수가 올라가고 수많은 사람이 연락을 해오다 보니, 그에 따라 따른 수많은 제안을 받게 된다. 새로운 사업을 해보자는 제안, 우리 회사에 와서 일해 보라는 제안, 투자를 해줄 테니 다시 사업을 해보라는 제안, 그리고 나에게 일자리를 제공해 달라는 이야기까지 다양하다. 수시로 연락을 해온다. 그런데 이때 나만의 기준이 없다면 너무나 많은 의견의 홍수에 휩쓸리게 될 것이다.

나만의 기준을 가지면 새로운 제안과 기회 속에서 선택을 하는

데 큰 어려움을 겪지 않을 수 있다. 아직 파산과 관련하여 모든 것이 마무리되지 않은 상황이므로 과하다고 생각되는 제안은 정중히 거절했다. 또한 짧은 영상만으로는 나를 판단할 수 없다고 생각하므로 영상만 보고 제안하는 내용 역시 대부분 거절했다. 나에게 무언가를 요구하는 제안은 거절하고, 인연을 길게 보고 있거나 내게 도움을 주려는 제안 가운데 내가 감당할 수 있는 것들만 고려하였다. 그렇게 구분하다 보니 내가 할 수 있는 것을 선택할 수 있었다.

내 인생을 온전히 책임지는 사람은 나 자신이므로, 주변 사람들의 의견은 참고하는 수준으로 받아들이면 된다. 그 누구도 나의 삶을 대신 살아줄 수 없다. 주변의 이야기에 쉽게 흔들리면 가진 능력을 제대로 발휘할 수 없다. 때로는 내 길에 대한 확신이 없더라도 남들의 시선에 얽매이지 말고 능력을 계발하는 데 최선을 다해야 한다. 숨겨진 잠재력을 발견하기 전까지는 한계에 부딪혔다고 느낄 수 있지만, 성급히 판단하지 말고 일단 끝까지 해보는 것이 중요하다. 그리고 그 상황에서 주변의 반대나 비난을 마주하더라도 뚝심 있게 밀어붙일 수 있어야 한다.

남들이 정의한 내가 아니라 온전한 나 자신이 되어야만 한다. 내가 된다는 것은 스스로 한계에 부딪혀 가며 자신을 정교하게 가다듬고 끊임없이 에너지를 만들어 내는 것을 말한다. 나의 외면적인 조건이 남들의 기준에 부합하지 않을지라도 온전한 내가 되어야 잠재력을 끌어낼 수 있다. 산 정상에 오르지 못한 사람은 전체적인 풍경을 그릴 수 없다. 높은 곳에 직접 올라서야만 비로소 보이는 법이다. 그러니 주변의 시선에 휘둘리지 말고, 나만의 기준을 갖고 내재된 무한한 잠재력을 끌어낼 수 있기를 응원한다.

인생의
거친 파도를
즐기는 서퍼

《告子章》

天將降大任於斯人也

하늘이 장차 그 사람에게 큰일을 맡기려고 하면

必先勞其心志

반드시 먼저 그 마음과 뜻을 괴롭히고

苦其筋骨

근육과 뼈를 깎는 고통을 주고

끝낼 때까지 끝난 것이 아니다

餓其體膚

몸을 굶주리게 하고

窮乏其身行

생활은 빈궁에 빠뜨려

拂亂其所爲

하는 일마다 어지럽게 하느니라.

是故動心忍性

그 이유는 그의 마음을 흔들어 참을성을 기르게 하기 위함이며

增益其所不能

지금까지 할 수 없었던 그 어떤 사명도 감당할 수 있게 하기 위함이라.

맹자의 고자장(告子章)에 보면, 하늘이 어떤 사람에게 큰일을 맡기려 할 때는 다섯 가지 역경과 시련을 준다고 한다. 우선 그 사람의 정신을 고통스럽게 하고, 육체를 고달프게 하고, 굶주림의 고통을 주고, 처지를 불우하게 하고, 하는 일마다 실패를 거듭하게 한다고 한다. 글의 내용을 보면 이 모든 걸 다 겪고 사람이 살아남기를 바라는 건지 하늘에 따져 묻고 싶은 생각도 든다. 이 글을 처음 봤을 때의 느낌은 이 정도로 엄청난 고난을 겪으면 자기 자신에 대한 믿음마저도 사라져서 아무것도 하고 싶지 않을 것 같았다.

진짜 죽을 만큼 힘든 상황에 부닥칠 때마다 항상 머릿속에 되뇌던 말이 있다. '이런 역경을 쉬이 이겨내는 사람은 없을 거야. 그러니 힘든 게 당연하겠지. 내가 이 고난을 이겨낸다면 남들보다 역경 지수를 높일 수 있을 거야. 그러니 좌절하지 말고 좀 더 용기를 내자.' 실패와 좌절이 계속되면 실패가 학습되면서 앞으로 아무것도 할 수 없을 거라는 생각이 들 수 있다. 이때 가장 중요한 마음가짐은 계속 거듭하더라도 자신에 대한 믿음을 유지하는 것이다.

바다에 파도가 치듯 나의 인생에는 항상 큰 파도가 몰아쳤다. 그래서 고요한 순간이 오면 얼마나 큰 파도가 오려고 이런 고요함이 계속되는 걸까 하는 생각에 오히려 불안했다. 그렇게 두려움에 움츠러들던 어느 날 이런 생각이 들었다. '어차피 내 인생에 파도가 계속 온다면 언제 몰아칠까를 걱정하며 두려워하기보다 그냥 이 높은 파도를 즐기는 서퍼가 되자. 그럼 오히려 큰 파도를 기대하며 내 인생을 즐길 수 있게 될 거야.'

모두가 하기 어려운 일을 해내는 사람은 반드시 뛰어난 일을 하게 된다고 한다. 그 말을 가슴에 새기고 나서부터 인생을 좀 더 즐기기로 했다. 실패도 무언가를 계속 시도했기 때문에 겪게 되는 것이 아니겠나. 아무것도 하지 않으면 실패 또한 하지 않는다. 마라톤에서 중요한 것은 얼마나 빨리 뛰느냐가 아니라 그 경기를 완주했느냐 하는 것이다. 중간에 쉬어 가더라도 끝까지 완주한다면 인생의 마라톤에서 실패한 것이 아니다. 어떤 일을 해내는 데 있어서 가장 중요한 것은 뛰어난 지식이나 능력이 아니라 자신을 믿고 끝까지 해내는 뚝심이다.

만약 인생에서 고난이 닥쳤는데 어떻게 벗어나야 할지 몰라 고민된다면 남들이 쉽게 하지 못할 행동을 궁리해 보라. 힘든 상황 속에서도 미소 짓는 사람은 드물고, 역경이 나를 강하게 만들 것이라고 기뻐하는 사람도 드물다. 그래서 나는 남들이 하지 못할 행동을 하기 시작했고, 상황 탓을 하거나 남 탓을 하기보다 오히려 내게 이런 기회가 주어짐에 감사하기로 했다. 그리고 이를 통해 남들과 다른 삶을 만들어 냈다. 켈리 클락슨의 노래에 '나를 죽이지 못하는 고통은 나를 강하게 만든다'라는 구절이 있다. 죽을 만큼 힘든 상황을 이겨내면 그만큼 강해진다. 그리고 그만한 잠재력이 있기에 하늘이 역경을 주는 것이니, 고난에 굴복하지 말고 꼭 버텨내기를 바란다.

성공한 사람들이
반드시 가지고 있는
한 가지

건실하게 공장을 운영하다가 순식간에 파산하여 신용불량자가 되고 보니, 성공하는 사람들과 나의 다른 점은 무엇이었는지와 내가 배워야 할 점은 무엇인가를 곰곰이 생각해 보게 되었다. '나는 그들과 무엇이 달라서 실패했는지' 그리고 '그들은 나와 어떤 점이 달라서 성공했는지'를 너무나 알고 싶었다. 그렇게 관찰하면서 알게 된 그들의 비범함은 바로 '끝까지 해내는 힘'이었다. 어떤 분야든 성공을 이뤄낸 사람들은 이 부분이 달랐다. 그들도 우리와 마찬가지로 매 순간 두려움을 느끼고 포기의 유혹에 시달리며 크고 작은 문제를 계속해서 마주친다. 하지만 이들은 두려움에 굴복하는 것이 아니라 이겨내고, 어떻게 하면 문제를 해결할 것인가에 집중한다.

끝낼 때까지 끝난 것이 아니다

많은 사람이 빠르게 부자가 되고 싶어 한다. 요즘 SNS를 들여다보면 더 빨리 성공하기 위한 지름길이 있지 않을까 치트키를 찾으며 부자가 되는 더 빠른 방법을 찾기 위해 여기저기 기웃거리는 사람들이 많아 보인다. 하지만 애초에 그런 길은 존재하지 않는다. 다른 이의 성공 스토리를 보며 수많은 사람이 자영업의 길로 들어선다. 월급으로 부자가 될 확률보다 사업이나 투자를 통해 부자가 될 확률이 더 높기 때문이다.

많은 사람이 사업을 시작하기만 하면 큰돈을 벌게 될 것이라는 착각을 한다. 하지만 안타깝게도 현실과 이상은 너무나도 다르다. 창업 후 5년 이내 폐업률이 80%에 육박한다는 통계수치를 보면 자신은 당연히 성공하는 20%에 속할 거라고 낙관할 것이 아니라 실패의 확률이 80%이므로 신중히 준비해야 한다는 생각을 해야 하는데, 대다수의 사람은 그렇지 않은 것 같다. 확률상 20%의 성공보다는 80%의 실패에 더 가까울 수밖에 없는데도 말이다.

반대로 아예 시작조차 하지 못하는 사람들도 많다. 이들은 삶의 긍정적인 측면보다는 부정적인 측면에 더 집중한다. 그들은 되는 이유보다 안되는 이유를 먼저 찾고 그래서 안될 거라고 확신한다. 그리고 자신이 매우 이성적이고 합리적이라고 믿는다. 어떤 쪽으로든 양극단에 속하는 것은 좋지 않다. 세상은 긍정적인 것과 부정적인 것 그리고 합리적인 것과 비이성적인 것들이 뒤섞여 공존하기 때문이다.

"이 나이에 새로운 걸 시작하는 게 가능해? 이미 늦었어." "백날 푼돈을 모아 봐. 네가 부자가 되나." "주식 투자? 그러다 투자 실패로 다 잃으면 어떻게 할 건데?" 이들은 어떤 문제가 생기면 습관적으로 안 될 이유만을 계속 찾는다. 그리고 그것이 들어맞았을 때 그것 보라면서 자신의 말이 맞지 않느냐고 외친다. 그래서 달라지는 것은 없다. 안되는 이유를 찾다 보면 새로운 것을 만들어 내는 힘이 생길 수 없으니까. 안 되는 이유를 찾을 시간에 어떻게 하면 되게 만들까를 고민하는 게 더 효율적인 것이 아닐까.

내가 만나본 성공한 사람들은 안 되는 이유보다 어떻게 하면 되게 만들까에 더 집중하며 시간을 보냈다. 성공한 사업가들은 냉철한 이성적 판단과 함께, 자신에 대한 믿음이 매우 강한 사람들이다. 현실을 그대로 볼 수 있는 냉철한 이성이 있지만 어떤 장애물이 가로막더라도 어떻게든 되게 만들겠다는 의지가 있다.

벽에 부딪힐 때마다 나는 어떻게든 방법을 찾기보다는 포기하는 것을 선택해 오지 않았나 싶다. 갈등을 회피하는 성격이 사업에서는 전혀 장점이 되지 않았다. 벽에 부딪히고 원하는 대로 일이 되지 않으면 곧 실패할 것 같다는 두려움이 덮쳐오곤 했다. 하지만 이것은 실패의 길이 아니라 성공을 위해 통과해야 하는 과제라는 걸 뒤늦게 깨달았다. 내 마음대로 일이 되고 있지 않다면 힘들어하기보다 감사한 마음을 가졌어야 했다. 성공할 기회가 주어지는 순간이기 때문이다. 기억을 되짚어 보니 그렇게 놓쳐버린 기회들이 수없이 많았다. 부디 다음에는 새로운 기회가 왔을 때 같은 실수를 되풀이하지 않기를 기도한다.

파란만장한
이 삶을
나는 사랑한다

행복하지 않다고 느끼는 이유는 생각보다 간단하다. 삶은 항상 완벽해야 한다는 환상을 가지고 있기 때문이다. 삶은 아름다운 꽃길이 아니라 가시밭길이다. 하지만 우리는 문제가 생기면 '왜 하필 내게만 이런 일이 생기지?'라고 생각하며 살아간다. 완벽한 삶을 기준점으로 두고 나의 삶과 비교하며 괴로워하기 때문에 우리나라의 행복지수가 OECD 국가에서 제일 낮은 게 아닐까.

삶에 문제가 생기는 것이 당연하다는 걸 알면 인생이 무탈하게 지나갈 때는 감사하는 마음을 가질 수 있고, 큰 위기가 닥쳤을 때는 조금 더 의연하게 대처할 수 있다. '왜 재수 없게 내게만 이런 안 좋은 일이 생기는 거야!'가 아니라 '원래 살다 보면 힘든 일이 생기는 게 당연한데 이번에 그 일이 내게 왔구나. 이 순간이 지나가면 또 좋은 일도 생길 거야.'라고 생각하는 것이 앞으로의 삶을 살아가는 데 더 도움이 된다. 적어도 내 경우에는 그랬다.

    2020년 말 상속 포기를 하면서 빈털터리가 되어 작은 평수로 이사를 하고, 얼마 뒤 또 법인 파산과 개인 파산을 겪으면서 몇 년 새 3번이 넘게 이사하였다. 그러는 동안 마음의 정리가 되지 않아 오랫동안 묵은 짐을 제대로 정리할 새가 없었다. 최근 이사한 후에는 제대로 정리를 해야겠다고 마음을 먹고는 시간이 날 때마다 틈틈이 정리하고 있는데, 그러다가 예전 건강검진 기록지를 발견했다. 20대 후반부터 거의 매년 건강검진을 챙겨 받다가 상황이 어려워지면서부터는 여유가 없다는 이유로 건강검진을 받지 않고 있었다. 확인해 보니 마지막으로 건강검진을 받은 날짜가 2018년이었다. 이때는 건강에 큰 이상이 없던 터라 몇 년은 그냥 지내도 되겠지 안일하게 생각하고 있었다.

    2023년 파산을 연달아 겪고 몇 개월 뒤 오랜만에 한 건강검진에서 꽤 큰 크기의 자궁근종이 발견됐을 때 놀랐던 이유가 있다. 동네 병원에서 예전에 검진받을 때 근종이 있다고 들은 적이 있냐고 물었고 그런 적이 없다고 답했다. 2018년까지 검진 기록에는 특이 사항이 없었고 그 이후 건강검진을 받지 않았기 때문에 정확히 언제 근종이 생겼고 커졌는지 알 수가 없었다. 병원에선 갑자기 단

기간에 이 정도 크기로 커졌다면 악성이거나 최악의 경우 암일 가능성이 있다고 큰 병원에 가보라는 소견서를 작성해 주었다. 그날 잠을 제대로 이룰 수가 없었다. 사업이 망하고 파산까지 했는데 만에 하나 암이라면? 눈앞이 캄캄했다. 수술비에 병원비는 어쩌지? 내가 아프면 우리 아들은? 온갖 걱정에 머리가 복잡했지만, 결과가 나오기 전까지 미리 걱정하지 않기로 했다.

다행히 아산병원에서 재검받은 결과 악성이나 암이 아닌 일반 근종이었고, 수술로 제거하면 큰 문제가 없을 거라는 이야기를 듣고 조금 안심할 수 있었다. '다행이다. 죽을병은 아니어서.' 죽을병은 아니었지만 얼마 지나지 않아 점점 통증이 심해지기 시작했다. 한 달에 절반 이상은 통증이 심해서 진통제를 먹지 않으면 아예 일상생활이 불가능했다. 깜박하고 약을 먹지 않고 잠든 어느 날 새벽에는 통증이 너무 심해 끙끙 앓다가 119를 불러야 하나 고민하기도 했다. 사업도 망하고 돈도 다 잃고 거기다 병까지 생기니 내 삶이 원망스러웠다. 왜 이렇게 힘든 일들이 연이어 생기는 걸까? 내 전생의 업보인 걸까, 아니면 내가 그동안 삶을 제대로 살지 못했던 탓일까?

스트레스가 만병의 근원이라는 말은 진짜다. 머리로는 힘든 순간들을 잘 견디어 내고 있다고 생각했는데, 몸은 그렇지 않았나 보다. 빈털터리가 되면서 빚까지 지고 안정되지 못한 삶의 불안감과 고단함이 큰 스트레스였을 것이다. 머리로는 괜찮다고 되뇌는 동안 몸은 그 스트레스를 고스란히 받아내며 너무 힘들다고 아우성치고 있었을지도 모른다. 최근 몇 년 동안 내 삶에서 겪을 만한 악재는 거의 다 몰아서 겪은 듯한 느낌이 들었다. 이혼을 겪고 돈도 잃고 사업도 정리하고 내게 남은 것이 하나도 없다고 생각했을 때 건강까지 이렇게 되고 보니 억울한 마음도 들었다.

    나에게는 두 가지의 선택지가 있었다. '다른 사람들은 다 순탄하게 살아가는 것 같은데 왜 내 인생은 이렇게 험난한 거야!'라고 신세 한탄하며 삶을 원망하는 것과 '파산한 것도 이미 힘든데 건강까지 안 좋아지다니. 그래, 순탄하면 내 인생이 아니지. 이것도 잘 극복해서 넘기면 더 좋은 일이 생길 거야.'라고 긍정적인 쪽으로 생각하며 사는 것이었다. 나는 후자를 선택하였고, 현실을 인정하고 나서부터 내 삶을 그리 원망하지 않게 되었다. 아니, 오히려 더 다채로운 삶을 살 수 있는 기회에 감사하게 생각하게 되었다.

    나는 파란만장한 삶을 사랑한다. 가끔은 두렵기도 하고 견디기 힘들 정도의 폭풍이 몰려오기도 하지만, 폭풍우가 잦아들고 고요한 시간이 오면 이렇게 살아있음에 감사하게 된다. 자주 아프다 보니 건강의 소중함을 알게 되었고, 자주 병원에 다니며 몸을 챙기다 보니 아픈 몸을 고쳐가며 지금까지 잘 살아오게 되었다. 아픔을 참아내는 시간이 길어지다 보니 자연스레 인내하는 힘이 길러졌고, 고난이 닥칠 때마다 조금 더 의연하게 견뎌낼 수 있는 힘이 생겼다. 이 모든 인생의 굴곡을 통해 지금의 내가 되었음을 알기에 이 문제 많은 삶을 사랑한다.

Epilogue

왜 나는 또다시 사업을 하는가

나는 실패한 사업가다. 실패한 사람이 성공이나 사업에 대해 이야기하는 것이 이상하게 보일 수도 있지만, 수많은 실패의 경험 덕분에 좌절감을 잘 이겨내고 견뎌내는 방법을 터득하게 되었다. 유튜브에 나의 이야기를 올린 후 종종 '실패팔이'라는 이야기를 듣는다. '이 사람은 실패한 경험까지 파는 무서운 사람이네.'라고 말이다. 온라인에 떠도는 수많은 성공팔이 속에서 실패팔이가 되었던 건 정말 우연한 계기였다. 실패의 순간을 견뎌냈던 경험이 다른 이에게 도움이 될 수도 있겠다고는 전혀 생각지 못했는데, 우연한 계기로 실패를 팔(?) 수 있다는 생각을 하게 됐다. 그리고 이 사건이 없었다면 지금의 내 모습은 아마 사뭇 달랐을지도 모르겠다.

코로나 때 쫄딱 망해서 빈털터리가 되었을 때, 오랜만에 만난

동갑내기 지인이 내게 부탁을 했다. "고 대표, 나 사업하는 방법 좀 알려 줘." 그 당시에는 실패의 좌절감에 허우적대고 있었기 때문에 처음에는 당연히 거절했다. "넌 무슨 망한 사장한테 사업을 알려달라고 해. 다른 성공한 사람을 찾아서 알려달라고 해야지."라고. 그런데 생각지도 못했던 이 친구의 답변이 사업컨설팅을 시작하게 되는 계기가 되었다. "그러니까 고 대표가 알려줘야지. 실패를 해봐서 어떻게 해야 그 실패를 피하는지 네가 제일 잘 알잖아." 생각의 전환이 되는 말이었다. '그렇네. 그렇게 보면 내가 제일 잘 알려줄 수 있겠네.'

그 당시 십수 년을 공장에서 원단 만드는 사업만 해왔는데, 그 일을 그만두고 나니 과연 새로운 일을 시작할 수나 있을까 하며 걱정하던 시기였다. 그런데 내가 망했기 때문에 실패했기 때문에 사업을 하는 방법을 더 잘 알려줄 수 있을 거라던 친구의 말에 용기를 내어 새로운 도전을 할 수 있었다. 그리고 앞으로 무엇을 해야 할지 몰라 방황하던 내가 새로운 재능을 깨닫게 되었다. 그때까지만 해도 나에게 사업적인 조언을 해주고 상담을 해줄 수 있는 능력이 있다고는 생각지도 못했다. 그때부터 몇 년 동안 상담을 해오면서 사람들의 반응을 통해 내가 생각보다 상담에 재능이 있다는 것을 알 수 있었다.

아무리 그래도 '실패한 사장이 무슨 조언을 해?'라고 말할 수도 있다. 하지만 비록 사업의 결과가 실패였을지라도, 그 과정에서 이루어 냈던 작은 성공들 또한 무수히 많다. 그리고 그동안 해 왔던 실수나 헛걸음들도 나만의 경험과 노하우가 되었다. 아버지가 물려주신 사업을 이어받은 후 새로운 판로를 찾기 위해 수많은 헛걸음을 해왔고, 그 과정에서 수많은 난관을 경험해 본 덕에 깨달은 것이 있다. 사업의 분야는 다양하지만 사업의 본질은 공통적으로 적용된다는 것이다. 그래서 다양한 사람들에게 내 경험을 나누고 조언을 해줄 수 있었다.

그렇게 대표라는 자리를 내려놓은 지 1년이 조금 지난 시점에 '사업 상담'이라는 새로운 사업을 시작하게 되었다. 그리고 이것이 지금의 '파란만장 고대표' 채널을 만들게 된 계기가 되기도 했다. 그 당시 유튜브에서는 창업다마고찌 형식의 돈을 버는 방법을 알려주는 콘텐츠가 유행하였는데, 우리도 사업 상담 과정을 유튜브 영상으로 남기자는 이야기가 나왔다. 그리고 이 친구와 처음 사업 상담 계약을 하는 시점부터 사업을 해나가는 모든 과정을 하나씩 영상으로 남기며 기록해 나가기 시작했다. 제대로 된 카메라나 장비를 갖출 여력이 없던 때라 오래된 휴대폰으로 찍은 영상이라 화면도 뿌옇고 녹음 음질도 형편이 없었지만, 정말 즐겁게 촬영을 했다. 영상의 퀄리티보다는 직장인의 삶이 전부였던 그 친구가 점점 사장의 모습으로 변모해 가는 것을 기록하는 과정이 참 즐거웠다.

새로운 도전이었던 사업 상담은 녹록지 않았다. 대전에서 살던 이 친구를 위해 1년간 매주 서울과 대전을 오가며 사업에 대해 알려주기 시작했는데, 없는 살림에 KTX 비용을 감당하는 것도 쉽지 않았지만 10년 넘게 직장인 생활을 하며 굳어진 이 친구의 직장인 마인드를 사업가 마인드로 바꾸는 건 그보다 더 험난한 여정이었다. 그 과정이 얼마나 험난했던지 사업 방법을 알려주는 것보다 사업가 마인드를 알려주는 것이 백만 배는 더 어려웠다. 물과 기름처럼 서로를 이해할 수 없는 순간들이 많았지만, 다행히도 이 친구는 나에게 무조건적인 믿음을 보여주었다. "지금 내 머리로는 이해가 안 되지만 그래도 고 대표가 하는 말을 들을게. 나보다는 사업을 해본 고 대표 말이 맞을 거니까."

그 긴 과정을 이겨내고 대전에 와인워크 매장을 오픈했던 날은 내게도 정말 감동적이었다. 그 과정에서 당사자만큼 애정을 쏟았기에 그 결과물을 직접 보는 순간 가슴이 뭉클해졌다. 그 이후에도 종종 대전에 내려가기도 하고 전화도 하면서 안부를 물으며 지내는데, 그때마다 이 친구가 내게 해주는 말이 있다. "나는 고 대표가 꼭 사업컨설팅을 계속했으면 좋겠어. 예전엔 몰랐는데 사업을 시작하기 전에 매장을 어떻게 차리고 운영하는지 아는 것보다 사업가 마인드가 얼마나 중요한지 이제야 깨닫게 됐어. 만약에 아무 준비도 없이 사업을 시작했다면 지금 내가 어떻게 됐을지 생각만 해도 너무 끔찍해. 그래서 고 대표가 너무 고마워."

나의 일상이 유튜브에 공개되다 보니 종종 이런 이야기도 듣는다. '취직할 생각이나 하지, 망한 주제에 아직도 정신 못 차리고 또 사업을 한다고 설치네.' 하지만 나에게 사업이란 단순히 돈을 버는 수단은 아니다. 돈을 많이 버는 것만이 삶의 목표였다면 굳이 그 과정을 유튜브로 공개하거나 알릴 필요도 없다. 조용히 아무도 모르게 큰돈을 버는 것이 더 나으니까 말이다. 하지만 사업의 크기나 돈의 액수를 떠나서 내가 가진 능력이 다른 누군가에게 도움이 된다는 그 사실이 계속 사업을 해나가는 원동력이 된다. 가장 밑바닥에서 아무것도 할 수 있는 게 없다고 생각했을 때, 이 친구에게 도움을 주고 고맙다는 말을 들었던 기억이 나를 움직이게 한다.

지금은 또 다른 꿈이 생겼다. 단순히 사업을 했던 경험만으로 조언을 해주는 것을 넘어서, 사업을 하는 사람들을 대상으로 제대로 심리상담을 하고 싶다는 꿈이다. 이를 이루게 되면 과거 보았던 영화 「인턴」의 시니어 인턴처럼 누군가에게 꼭 필요한 사람이 될 수 있지 않을까. 새로운 배움과 사업 경험이 합쳐지면 과거의 나처럼 도움과 조언이 절실한 사람들에게 제대로 도움을 줄 수 있을 거라는 생각이 든다.

끝낼 때까지 끝난 것이 아니다

초판 1쇄 발행 2024년 11월 23일

지은이 고혜진
펴낸이 김현식
디자인 제로스 스튜디오

펴낸곳 (주)아침좋은
출판등록 제2023-000084
주소 (07333) 서울시 영등포구 여의대방로65길 20 호성빌딩신관 9층 369호
대표전화 02.6925.7011
이메일 achimpub@gmail.com
카카오톡채널 카카오톡에서 "아침좋은글" 검색

ⓒ 고혜진, 2024

ISBN 979-11-984849-1-8

· 책값은 뒤표지에 있습니다.
  이 책 내용의 일부 또는 전부를 재사용하려면 반드시 (주)아침좋은의 동의를 얻어야 합니다.
  잘못 만들어진 책은 구입하신 서점에서 교환해드립니다.
  아침좋은글은 (주)아침좋은의 출판브랜드명입니다.